A ESCOLA DOS SONHOS

DADOS INTERNACIONAIS DE CATALOGAÇÃO NA PUBLICAÇÃO (CIP)
(CÂMARA BRASILEIRA DO LIVRO, SP, BRASIL)

A692p

Araújo, Ulisses F.
    A escola dos sonhos : desejos e projetos de vida dos educadores brasileiros / Ulisses F. Araújo, Valéria Arantes. -- São Paulo, SP : Summus Editorial, 2023. -- (Novas arquiteturas pedagógicas)

    ISBN 978-65-5549-107-4

    1. Educação escolar 2. Escola pública 3. Mudança educacional 4. Professores - Educação I. Arantes, Valéria. II. Título. III. Série.

23-152279   CDD-371.102

Índices para catálogo sistemático:
1. Professores : Mudança educacional : Educação
371.102

Tábata Alves da Silva - Bibliotecária - CRB-8/9253

Compre em lugar de fotocopiar.
Cada real que você dá por um livro recompensa seus autores
e os convida a produzir mais sobre o tema;
incentiva seus editores a encomendar, traduzir e publicar
outras obras sobre o assunto;
e paga aos livreiros por estocar e levar até você livros
para a sua informação e o seu entretenimento.
Cada real que você dá pela fotocópia não autorizada de um livro
financia o crime
e ajuda a matar a produção intelectual de seu país.

A ESCOLA DOS SONHOS
DESEJOS E PROJETOS DE VIDA DOS EDUCADORES BRASILEIROS

ULISSES F. ARAÚJO
VALÉRIA ARANTES

summus
editorial

A ESCOLA DOS SONHOS
Desejos e projetos de vida dos educadores brasileiros
Copyright © 2023 by autores
Direitos desta edição reservados por Summus Editorial

Editora executiva: **Soraia Bini Cury**
Coordenação da Coleção Novas
Arquiteturas Pedagógicas: **Ulisses F. Araújo**
Preparação: **Janaína Marcoantonio e Mariana Marcoantonio**
Revisão: **Renato Caetano**
Capa: **Alberto Mateus**
Projeto gráfico e diagramação: **Crayon Editorial**

Summus Editorial
Departamento editorial
Rua Itapicuru, 613 – 7º andar
05006-000 – São Paulo – SP
Fone: (11) 3872-3322
http://www.summus.com.br
e-mail: summus@summus.com.br

Atendimento ao consumidor
Summus Editorial
Fone: (11) 3865-9890

Vendas por atacado
Fone: (11) 3873-8638
e-mail: vendas@summus.com.br

Impresso no Brasil

A todos os colegas educadores que têm a educação como central em seus projetos de vida, são comprometidos com a busca da excelência e da ética e sonham com uma escola justa, inclusiva e feliz.

SUMÁRIO

1 A PROFISSÃO DOCENTE COMO PROJETO DE VIDA 9
2 A ESCOLA DOS SONHOS 31
3 COMPREENDENDO OS SONHOS E
  OS DESEJOS DOS DOCENTES 79

   Conhecendo e interpretando o que pensam,
   desejam e sonham os professores 93

   *A escola pública dos sonhos para
   os educadores brasileiros* 94

   *O professor da escola pública brasileira:
   seus desejos e projetos de vida* 119

4 A VOZ DOS PROFESSORES 133

   As narrativas sobre a escola dos sonhos:
   os desejos, sonhos e necessidades 136

   As narrativas dos desejos e projetos
   de vida dos educadores 151

5 OS SONHOS DOS DOCENTES, SEUS DESAFIOS
  E POSSIBILIDADES 169

REFERÊNCIAS 195

1
A PROFISSÃO DOCENTE COMO PROJETO DE VIDA

O sonho encheu a noite
Extravasou pro meu dia
Encheu minha vida
E é dele que eu vou viver
Porque sonho não morre.

Adélia Prado

HOJE EU ACORDEI MUITO ansiosa. Aliás, nem dormi direito. É que vai sair o resultado do processo seletivo de mestrado de que estou participando e, se for aprovada, um sonho vai se realizar. Desde a juventude, quando concluí o curso de Letras na faculdade privada da minha cidade, tive o mestrado como meta. Agora, com 38 anos de vida e 16 de sala de aula, criei coragem e me inscrevi para o mestrado.

Às 10 horas da manhã, acho que a minha pressão arterial estava altíssima, e eu sentia um frio intenso na barriga. Entrei na internet e fui lendo a lista de aprovados. Letras A, C, D, F... e o coração disparou de vez. Estava lá: Luana Domingues Gonçalves. Fui selecionada para o mestrado em Educação. Meus olhos se encheram de lágrimas, e o que eu senti não dá para descrever. Uma felicidade estranha, e eu só pensava nos meus pais.

Tendo nascido em uma comunidade na periferia de uma cidade média, tive uma infância bastante feliz — daquelas em que se podia brincar na rua com os vizinhos durante o dia — e uma família organizada. Meu pai era pedreiro e minha mãe, faxineira. Eles só estudaram até a quarta série do ensino fundamental, mas sempre deram importância à educação, incentivando a mim e meus três irmãos mais novos a levar os estudos a sério. Eu fui a primeira de todas as gerações da minha família a entrar numa faculdade. Foram muitas faxinas extras feitas pela minha mãe e muitas paredes erguidas pelo meu pai aos finais de semana para ajudar a pagar os quatro anos de graduação.

Ser professora foi uma decisão que tomei na adolescência, em um misto de consciência política e busca profissional. Talvez pela história da minha família, ficava o tempo todo pensando que queria ajudar outras pessoas a estudar, ao mesmo tempo que via as dificuldades e vulnerabilidades da escola pública em que eu própria estudava. Não quero falar muito disso, pois pela minha idade eu não tinha plena consciência das condições profissionais e políticas da educação à época. Mas conseguia ver as desigualdades em nosso país e a falta de estímulo dos professores para que nós, estudantes de escolas públicas da periferia, conseguíssemos sonhar com uma faculdade. Ainda mais no meu caso, que fui uma aluna mediana; fazia as tarefas, prestava mais ou menos atenção nas aulas, mas não gostava de passar o dia inteiro sentada, ouvindo os professores falarem sem parar enquanto nós copiávamos as coisas da lousa. Como sempre fui muito tímida, não era da turma da bagunça como alguns de meus colegas que se rebelavam contra aquelas aulas maçantes, mas ficava na carteira sonhando acordada, dispersa.

— Aterrize, Luana, e leia para a turma o que você escreveu — era comum ouvir dos professores. Ao mesmo tempo, sempre pediam que eu falasse mais alto e vencesse a timidez.

Por outro lado, era graças a essa minha postura e personalidade que eu não me metia em confusão, e me lembro de, no oitavo ano, ter sido escolhida para representar a nossa turma no grêmio estudantil. Foi uma experiência marcante, pois passei a conviver com ideias políticas e a planejar ações em benefício do coletivo da escola.

Uma dessas ações no grêmio foi em parceria com a dona Patrícia, professora de Língua Portuguesa (LP), que propôs que criássemos um cursinho comunitário para auxiliar os alunos de ensino médio de escolas da comunidade a se preparar para o Enem (Exame Nacional do Ensino Médio) e os vestibulares. Apesar do nome "cursinho", ela gostava de dizer que seu objetivo era maior do que esse, e que queria impactar a vida dos jovens da nossa comunidade para que construíssem seus projetos de vida. Como eu gostava de escrever, ela me convidou para ajudá-la nas oficinas de redação e representar o grêmio no projeto. Sua proposta era que a cada semana os participantes escrevessem, em diferentes gêneros literários, sobre conteúdos autobiográficos, sua vida presente e suas perspectivas de vida futura. Eu a auxiliava na organização do trabalho, ao mesmo tempo que ela me ensinava a identificar elementos linguísticos nos textos dos alunos e a promover reflexões linguísticas por meio deles.

Acho que nem preciso dizer o impacto que isso teve na minha vida, não é? Quanto aprendi e me desenvolvi na área de linguagem! Meus olhos brilhavam, e me lembro que em uma das conversas com ela foi a primeira vez que ouvi falar de mestrado. Eu nem sabia o que era, mas a dona Patrícia sabia nos fazer viajar nos sonhos, pensar no futuro e planejar etapas para atingi-los, tudo isso por meio dos textos que os alunos tinham que escrever e das discussões que propunha ao final de cada aula. Apesar de ainda estar no oitavo ano, e não no ensino médio como os alunos do cursinho, eu fui acompanhando, participando e aprendendo com eles.

Lembro que no final daquele ano ela pediu a todos que escrevessem um texto dissertativo sobre "A minha vida quando eu tiver 40 anos de idade". Ela me explicou depois que seu objetivo era possibilitar que os alunos refletissem sobre seus desejos e sonhos a longo prazo. Eu fiz a redação e me lembro de ter explicitado pela primeira vez para mim mesma o desejo de atuar profissionalmente na educação, e de ter projetado que teria uma família com filhos, que além da faculdade eu teria concluído o mestrado e que estaria engajada socialmente pela melhoria das oportunidades para os jovens de periferia. Esse texto, que guardo comigo até hoje, passou a ser como uma bússola em minha vida, à qual eu sempre recorria quando surgiam dúvidas sobre que rumos tomar.

Analisando o dia de hoje, quando o sonho do mestrado começou a virar realidade, passou esse filme da minha história pela minha cabeça. Eu me lembrei, também, da linda frase de William Shakespeare: "Somos feitos da mesma matéria que os sonhos". Essa frase é o meu mantra.

A professora Patrícia sempre foi uma inspiração para mim, por seu compromisso com a profissão e seu engajamento político e social dedicado a impactar de maneira positiva a vida dos alunos e suas famílias. Nos anos seguintes, até concluir o ensino médio, fiquei próxima a ela, ajudando e aprendendo em trabalhos como o do cursinho comunitário. Como fui aprender muitos anos depois, ao estudar sobre projetos de vida da juventude com o psicólogo norte-americano William Damon, é importante ter pessoas de referência que nos inspirem, como faróis a iluminar nosso caminho durante as escolhas pessoais, sociais e profissionais.

Com esse apoio e esses desejos na cabeça, apesar da desconfiança da maioria dos professores, a aluna mediana de escola pública, sonhadora apática na sala de aula, conseguiu ingressar na faculdade de Letras. E não há dúvidas de que a minha boa habilidade na redação teve um papel importante no Enem e no vestibular.

As aulas da graduação eram no período noturno, e nos quatro anos que durou o curso eu virei a "doce Luana", apelido que ganhei no primeiro semestre. Para ajudar a pagar a mensalidade, eu fazia docinhos em casa durante o dia e os vendia na faculdade. Foram vários doces diferentes em cada semestre. Teve brigadeiro, cajuzinho, beijinho, quindim, bombom de uva, doce cristalizado e muitos outros. Criei várias modas. Não dava muito dinheiro, mas alcançava para as minhas despesas pessoais e sobrava um pouco para ajudar a bancar os estudos.

Mas sabem aquela aluna tímida e mediana do ensino fundamental e médio? Continuou existindo na faculdade. A Luana seguia a mesma: apática e viajante nas aulas, sem se destacar nas várias disciplinas do curso. A verdade é que as aulas eram monótonas, em sua maioria expositivas, tradicionais. O que mudou foi que agora havia mais leituras, atividades analíticas e produção de textos, mas a universidade funcionava da mesma forma que a educação básica, e nós, os futuros professores, estávamos aprendendo a reproduzir o mesmo modelo de escola que perdura há séculos. Digo que eu estava desanimando com a profissão e meus sonhos começaram a esmorecer.

O sonho de concluir a faculdade e todo o esforço da minha família eram o que me fazia não desistir do curso. Mas o que me vinha à mente nas horas frágeis era a professora Patrícia e seu exemplo pessoal e profissional. Eu queria ser essa inspiração para outros jovens.

Quando cheguei no terceiro ano, decidi que precisava mudar o rumo das coisas na minha formação profissional. Com a ajuda da professora Patrícia, consegui uma escola para estagiar de forma voluntária. Como estudava à noite, eu passava a manhã inteira nessa escola, ajudando a professora Elenice, de Língua Portuguesa, nas aulas do quinto ano. Ainda não era um estágio formal, mas logo a coordenação da faculdade me autorizou a considerar esse trabalho na carga horária do curso. Essa situação me deu um novo ânimo na vida pessoal e profissional, porque, apesar de seguir no marasmo das aulas na faculdade, eu comecei a experienciar práticas educacionais que davam maior sentido ao que estudávamos. Diria que meus olhos voltaram a brilhar e voltei a ver um sentido na vida.

Fico pensando que essa lógica de articulação entre o conhecimento acadêmico e a prática real nas salas de aula deveria ser adotada como modelo no ensino superior, desde o primeiro ano da graduação. Não da forma como os estágios ocorrem hoje na maioria das faculdades, em que os estagiários têm um papel passivo, de observadores das aulas. (Aliás, quantos colegas me contaram que tinham as fichas de estágio assinadas, inclusive com pedidos de que nem fossem à escola para "não atrapalhar"?) Estou falando das práticas reais que tive desde o quinto semestre do curso, como auxiliar da professora Elenice, que compartilhava comigo o planejamento das aulas e me incluía na execução das atividades. Eu aprendia muito, e isso me fazia ter outra relação com os conhecimentos da faculdade.

Todas as manhãs, eu ia para a EMEF Paulo Freire acompanhar o trabalho da professora Elenice, e logo identifiquei que ela tinha uma forma diferente de trabalhar com Língua Portuguesa, por meio de projetos. Em cada bimestre, cada turma definia um tema e, trabalhando em duplas ou trios, os alunos tinham que fazer pesquisas e ler a respeito, produzir textos de gêneros variados e fazer reflexões linguísticas. Eram aulas mais ativas, que promoviam melhor engajamento da maioria dos estudantes. Hoje, eu compreendo que era um embrião das metodologias ativas que fui estudar bem depois, e fui aprendendo que as aulas de LP podiam ser diferentes.

Durante o terceiro e o quarto anos de faculdade, acompanhei o trabalho na EMEF Paulo Freire, e foi uma experiência que ajudou a consolidar minha decisão de ser professora e impactar a vida das pessoas por meio da educação. Sabe aquele negócio de brilho nos olhos e de encontrar o seu sentido na vida? Pois era a sensação que eu tinha nessa época.

Mas não apenas pelos caminhos profissionais, para dizer a verdade. Foi nesse período que eu conheci o Jorge, um estudante de Administração de Empresas, e meus olhos brilharam também por outros motivos... Em pouco tempo, estávamos namorando e compartilhando nossos sonhos, desejos e projetos de vida.

O Jorge trabalhava numa ONG educacional que atendia crianças em situação de vulnerabilidade. Ele cuidava da administração, das compras, dos pagamentos, dos contratos etc., e isso despertou nele o desejo de fazer Administração de Empresas. É uma pessoa muito humana e engajada em ajudar as pessoas — acho que foi esse o nosso gancho. Eu passei a admirá-lo desde as primeiras vezes que conversamos no intervalo das aulas. Ele me deu muita força em meu estágio, além de me ajudar na venda dos brigadeiros. E eu comecei a colaborar com alguns projetos da ONG nos fins de semana, apoiando crianças com dificuldades de aprendizagem por meio de jogos e brincadeiras, que era a pegada pedagógica deles. Mais aprendizado!

Como essa história se desenvolveu? Com o casamento quatro anos depois, e um casal de filhos maravilhosos: o Felipe e a Laura, que já estão com 14 e 13 anos de idade.

A sensação, hoje, revisitando a história que contei até aqui, é que aquela redação e as outras experiências que tive aos 14 anos por iniciativa da professora Patrícia foram uma bússola. Mesmo diante das incertezas e indeterminações da vida, eu pude consolidar o que Shakespeare disse séculos atrás: "Somos feitos da mesma matéria que os sonhos". E de tudo que estudei sobre projetos de vida, até este momento tenho conseguido construir de forma integrada os projetos de vida nas dimensões social, pessoal e profissional. Considero que essa integração é o cimento que dá sustentação ao que se chama de sentido da vida. Essa harmonia me traz a felicidade eudaimônica, decorrente da ação virtuosa, proposta por Aristóteles milênios atrás.

Nossa! Fiquei até emocionada com essas reflexões que fiz agora, mas o que quero dizer mesmo é que entendi que a educação é o fio que amarra, sutilmente, as partes às vezes dismórficas da minha vida.

Tendo concluído o bacharelado e a licenciatura em Letras e já com alguma experiência profissional graças aos estágios na EMEF Paulo Freire, comecei a buscar emprego em escolas de educação básica. Após algumas passagens como auxiliar de ensino em pequenas escolas particulares, intercaladas com o nascimento dos meus filhos, decidi estudar para tentar uma vaga na rede pública municipal de ensino. A instabilidade de emprego, os salários baixíssimos e a precariedade nessas escolas privadas dificulta a realização de um trabalho de qualidade.

Quando abriu um concurso público na minha cidade, consegui ser aprovada e, cinco anos depois de me formar, me tornei professora de escola municipal.

Uma nova fase se iniciou em minha vida. Com a licenciatura em Letras, minha opção sempre foi atuar na segunda etapa do ensino fundamental. Apesar do estigma dessa faixa etária, de pré-adolescentes e adolescentes, eu me sinto à vontade para lidar com eles. Com novos hormônios à flor da pele, gerando instabilidades emocionais e uma "aptidão" para promover desordens em sala de aula que costuma tirar os professores do sério, acompanhar suas descobertas no mundo, o bom humor e o nascimento de sua criticidade me animam a participar de suas histórias e a fazer um trabalho que possa impactar a vida deles. Às vezes, acho que essa inspiração ainda é fruto da referência da professora Patrícia, presente em minha vida.

A primeira atribuição de aulas que tive foi em uma escola que ficava a uma hora de distância de casa, na periferia da cidade. Eu assumi três manhãs de aulas por semana nessa escola, a EMEF Olavo Bilac, e mais duas manhãs por semana na EMEF Tarsila do Amaral, que ficava em outra direção. Eram escolas bem diferentes, pois atendiam a públicos distintos. Enquanto a EMEF Tarsila do Amaral ficava num bairro de classe média, a EMEF Olavo Bilac se encontrava junto a uma comunidade de baixa renda, com muita vulnerabilidade social.

Era uma vida desgastante, de longos deslocamentos diários para dar algumas aulas nessas escolas, sem preencher a carga horária completa. No entanto, eu sabia que essa é a regra do jogo no início de carreira. Como costumo dizer, se me derem um limão, em vez de careta, prefiro fazer uma deliciosa limonada. Assim, apesar do desgaste físico, assumir aulas como professora titular era o meu desejo, e eu encarava isso como fonte de conhecimento e aprendizado.

Nos anos seguintes, fui aprimorando minhas aulas, sempre buscando torná-las mais ativas, por meio de projetos e conteúdos mais conectados aos interesses dos estudantes, de acordo com sua faixa etária. Como aprendi com a professora Elenice, quem definia o tema dos projetos eram os alunos e, com isso, eles se mostravam mais engajados no dia a dia. Mas o maior impacto desse modelo pedagógico que adotei foi a qualidade nas minhas relações com os estudantes. A rotina das aulas era de maior coletividade e, como eu atuava circulando nos grupos enquanto eles trabalhavam, em vez de ficar na frente da sala, me aproximei dos alunos. Conversando com grupos menores, acabávamos rindo e falando de questões pessoais que eles traziam, o que me possibilitou conhecê-los melhor. Nos momentos de dificuldade, eu tinha uma relação que permitia uma abordagem mais humana e mais próxima. Inclusive, muitas vezes eles traziam questões familiares complexas e pediam conselhos ou ajuda para entender o que ocorria.

Recebi muitas críticas de colegas por situações como a que acabei de descrever. Diziam que a escola não deveria cuidar de situações pessoais dos alunos, pois nossa função era ensinar e trabalhar o currículo, e não assumir responsabilidades de outros papéis sociais além do educacional. Eu discordava e tentava mostrar como a minha postura impactava positivamente o engajamento e a aprendizagem dos estudantes. Não sei se isso os convencia, mas eu tinha convicção ética dessa postura e acreditava estar contribuindo para a qualidade e a humanização da educação.

A relevância da busca de qualidade ou, por que não dizer, da busca de excelência é um dos marcos essenciais da minha atuação na educação. Esse princípio se reflete na crença, por um lado, de que cada um de meus alunos tem o direito de aprender e, por outro, de que essa aprendizagem precisa ser engajante para fazer sentido para eles. Para dar conta dessa meta, busco sempre me desenvolver profissionalmente e fazer cursos de atualização.

Um marco recente no meu desenvolvimento foi ter participado do programa Repensando o Currículo, oferecido pela Universidade de São Paulo (USP) em parceria com o Instituto iungo, que oferece vagas de cursos on-line para todo o país. Com isso, mesmo na minha cidade, longe das grandes capitais, tive a oportunidade de estudar com professores da USP por intermédio de tecnologias interativas.

Fiz o curso de atualização As Linguagens nas Práticas Educativas e foi excelente. A cada semana, assistíamos a quatro videoaulas de 15 minutos que, aliás, são abertas e estão disponíveis no canal do programa no YouTube, sobre princípios e práticas metodológicas ativas na área de linguagens em sala de aula. A professora Silvia Colello, coordenadora desse curso, tornou-se uma referência acadêmica para mim. Tínhamos que desenvolver, em grupo, com colegas de outras cidades e estados, projetos práticos em nossa sala de aula, aprendendo a solucionar problemas reais de aprendizagem por meio de metodologias ativas como o *Design Thinking*, a cultura *maker* e a Aprendizagem Baseada em Problemas (ABP). Todo o processo era mediado ativamente por uma tutora da USP, a professora Elaine Vidal, que nos orientava nos projetos. Ao final do curso, tivemos que apresentar propostas de solução para os problemas em estudo, produzindo vídeos que mostrassem os procedimentos desenvolvidos e compartilhando-os no YouTube.

Foi uma experiência incrível, de muita troca e aprendizado com colegas. Considero que todas as experiências anteriores que tive, com as professoras Patrícia e Elenice e até com minhas próprias aulas, foram ressignificadas com os estudos e as práticas desse curso. Descobri que minhas professoras-mentoras já tinham esses princípios em mente, embora não tivessem consciência teórica deles. Elas se assumiam construtivistas, influenciadas por Paulo Freire e outros educadores progressistas, e por isso adotavam tais práticas. O que vi no curso foi uma forma de dar um sentido mais atual à educação progressista, que visa promover o desenvolvimento integral das pessoas, sua autonomia e uma preocupação ética e cidadã. Eu me realizei, pois entendi que é essa perspectiva que dá sentido à minha vida também. Ela embasa os meus projetos de vida em suas dimensões pessoal, social e profissional.

Um dos aprendizados mais relevantes que tive com esse curso, no entanto, foi o contato com as ideias do professor Howard Gardner, da Universidade Harvard. Pudemos conhecer o conceito de "bom professor", um princípio desenvolvido por ele junto com outros dois psicólogos renomados: William Damon e Mihaly Csikszentmihalyi. Foi apenas uma introdução, mas me estimulou a me aprofundar mais no tema.

Para eles, o bom professor é aquele que tem uma atuação excelente, entendida como qualificada e atualizada de acordo com os conhecimentos e as técnicas mais recentes em sua área. Ele é comprometido com a profissão e com as ações e responsabilidades que tem, bem como com sua satisfação pessoal. Por fim, suas ações são coerentes com o que a sociedade e a cultura consideram ético e moral. Esses três princípios se articulam como uma tripla hélice (por analogia à dupla hélice do DNA), em que se encontram imbricados e articulados. As pessoas podem desenvolver uma ou duas dessas virtudes, mas o bom trabalho ou o bom professor só se constitui quando as três bases estão presentes e articuladas.

Em resumo, entendi que Howard Gardner busca mostrar que de nada adianta sermos pessoas com alta capacitação intelectual se não conseguirmos atuar de forma ética, responsabilizando-nos por nós mesmos, pelos outros, por nosso local de trabalho, por nosso campo profissional e pela sociedade; se não construirmos projetos de vida éticos, pautados na excelência e no engajamento.

A vida, porém, é sempre incerta, e devemos estar atentos às oportunidades que surgem para não viver a reboque das casualidades. Ter uma bússola que guie nossos sonhos e desejos — isto é, um projeto de vida que nos inspire — nos dá maior clareza dos caminhos a seguir.

Desde a última eleição, a prefeitura da minha cidade, já com novos gestores, colocou a educação como principal bandeira de atuação para os próximos anos. Por mais que sempre desconfiemos desses discursos políticos, foram tomadas decisões que — hoje vejo — tinham a perspectiva de aprimorar a qualidade do ensino a partir da melhoria das condições do trabalho docente. Além da decisão do importante aumento nos salários para aqueles que assumissem o novo projeto político-pedagógico (PPP) das escolas municipais, todas elas se tornaram de tempo integral e os professores tiveram prioridade na atribuição de aulas nas escolas do bairro em que moravam (da mesma forma que os alunos devem frequentar a escola de seu bairro). Criaram-se, inclusive, condições de financiamento especiais ou ajuda no aluguel para que professores pudessem ser proprietários ou inquilinos na região de escolas com maior vulnerabilidade, incentivando-os a se mudar para perto dessas escolas e trabalhar nelas.

O dilema que me afligiu na época é que, apesar de cansada da dura rotina entre as escolas municipais Tarsila do Amaral e Olavo Bilac, a escola pública do meu bairro tinha péssima fama. Era uma escola que todos consideravam ruim, toda pichada, com corpo docente desinteressado e histórico de muita violência. Ou seja, optar pelo novo PPP do município e me alocar na EMEF Graciliano Ramos seria um ato de fé nesse projeto, que poderia me trazer muito arrependimento no caso de não dar certo. Significaria, também, levar meus filhos para essa escola (como eu trabalhava na Tarsila do Amaral, tinha conseguido matriculá-los ali).

Nessa hora, me lembrei dos princípios de ética e compromisso profissional que me guiavam e, depois de ter uma reunião com o futuro diretor da "nova" EMEF Graciliano Ramos, o Paulo, e de conhecer sua visão educacional e humana, me convenci de que a proposta para aquela escola era bonita. Decidi arriscar e investir na busca de excelência na educação daqueles jovens da comunidade onde eu vivia. O Paulo descreveu o projeto que estava articulando, em torno das chamadas "Novas Arquiteturas Pedagógicas", desenvolvidas pelo Núcleo de Pesquisas em Novas Arquiteturas Pedagógicas da Universidade de São Paulo (NAP/USP), que defende uma reinvenção das escolas para o século 21 com base em três princípios a ser transformados no cotidiano escolar: o currículo, as metodologias e as relações.

Nessa reunião, da qual participaram vários outros candidatos a assumir as funções pedagógicas da escola, o Paulo apresentou em detalhes o que estava sendo proposto em um planejamento plurianual para a prefeitura, ciente de que aquela seria uma construção coletiva, com a participação ativa de todos os professores envolvidos e também da comunidade escolar, incluindo estudantes e suas famílias.

Por meio de uma apresentação em PowerPoint, o Paulo mostrou que o modelo didático-pedagógico a ser adotado na EMEF Graciliano Ramos seria construído coletivamente em seus detalhes, mas embasado em cinco pilares complementares que visavam ofertar aos alunos uma formação integral sólida, focada no desenvolvimento das habilidades e competências demandadas para a educação no século 21 e na formação de estudantes com mentalidade emancipadora, ativa, inovadora e criativa. Os cinco pilares que sustentavam o modelo proposto são: a transmissão de conhecimentos relevantes; o uso de situações-problema para o desenvolvimento pessoal integral; a busca da interdisciplinaridade; o trabalho colaborativo e cooperativo; e os princípios do aprender fazendo.

Este é um resumo da apresentação do Paulo:

> *O primeiro pilar é a **transmissão de conhecimentos**. Refere-se à apresentação e à discussão de conceitos e conteúdos considerados relevantes no campo de conhecimento de cada disciplina, e se dá por meio de aulas expositivas eventuais. Nelas, os conhecimentos básicos são ensinados aos alunos de forma problematizada e dialógica, mas são transmitidos mesmo, pois são basais para a área de conhecimento da disciplina.*
>
> *O segundo pilar do modelo são as **situações-problema**, que servem como ponto de partida para que os alunos criem e proponham soluções a problemas complexos que tenham identificado. Uma estrutura curricular em torno de situações-problema possibilita que os jovens desenvolvam uma postura investigativa enquanto lidam com desafios e incertezas durante a análise e a resolução dos problemas — essa é a lógica. As metodologias adotadas para atender a esse pilar do modelo didático-pedagógico são a Aprendizagem Baseada em Problemas (ABP) e a Aprendizagem Baseada em Problemas e por Projetos (ABPP).*
>
> *O terceiro pilar é a **interdisciplinaridade**, que se consolida por meio dos projetos integradores na estrutura curricular, quando os estudantes precisam transpor as tradicionais fronteiras e métodos disciplinares durante seu desenvolvimento.*
>
> *O quarto pilar de sustentação do modelo didático-pedagógico é o **trabalho colaborativo e cooperativo**, embasado na relevância*

da aprendizagem social, do trabalho em grupo, do compartilhamento de ideias e da coconstrução de conhecimentos para o processo de formação pessoal. Novamente, esse processo está fundamentado na ABPP, que leva os estudantes a se organizarem em grupos para a resolução de problemas reais da escola e da sala de aula, tendo que aprender a lidar com a diversidade de interesses e habilidades no grupo e, ao mesmo tempo, aprender a compartilhar planejamento, execução e reflexão sobre os processos inerentes ao desenvolvimento dos projetos. Com isso, são criadas as condições para a coconstrução de conhecimentos, baseada no trabalho colaborativo e cooperativo.

Por último, o quinto pilar deste modelo é o **aprender fazendo**, que tem como pano de fundo o rompimento epistemológico com a cultura racionalista de que raciocinamos, refletimos, para depois fazer ou executar as coisas. No aprender fazendo, busca-se romper a dicotomia entre teoria e prática. É na ação que se aprende, e também a partir da reflexão sobre essa ação, como nos ensinaram autores como John Dewey, Jean Piaget, Lev Vigotski, Paulo Freire e muitos outros. Na EMEF Graciliano Ramos, este pilar estaria apoiado em duas correntes de pensamento: o Design Thinking (DT) e a cultura maker, que são trabalhados de forma complementar à ABPP. O DT é uma metodologia que integra a colaboração multidisciplinar e a melhoria iterativa de processos tendo como foco o aprendizado dos estudantes. Os projetos começam com um desafio ou um problema e são centrados no ser humano, porque o processo de concepção das soluções a ser construídas coletivamente começa examinando as necessidades, os sonhos e os comportamentos das pessoas que seriam afetadas pelas soluções projetadas. A cultura maker, com sua filosofia e *sua metodologia, é também um método de aprendizagem ativa que vem se disseminando no mundo todo, enfatizando o aprender fazendo no ambiente social e a construção de artefatos ou processos. De acordo com o professor Paulo Blikstein, em uma cultura* maker *os projetos dos alunos devem estar profundamente conectados com problemas significativos, seja no nível pessoal ou comunitário; projetar soluções para esses problemas pode promover transformações educacionais e o empoderamento de pessoas e comunidades.*

Sintetizando a fala do diretor da escola, o PPP proposto busca articular em uma mesma estrutura curricular a transmissão de conhecimentos relevantes, o uso de situações-problema para o desenvolvimento pessoal dos alunos, a interdisciplinaridade, o trabalho colaborativo e cooperativo e os princípios do aprender fazendo. Ele finalizou dizendo que o modelo didático-pedagógico que será construído na EMEF Graciliano Ramos pretende criar um caminho diferenciado na educação, visando à construção de uma escola mais justa e feliz.

Antonieta, a supervisora da Secretaria da Educação, também esteve presente na reunião com o diretor Paulo e garantiu que criariam e/ou adaptariam os espaços necessários para dar conta do projeto político-pedagógico apresentado e aprofundar esses cinco pilares. Fariam mudanças nos espaços físicos comuns da escola e nas salas de aula, trariam mais tecnologia, forneceriam uniforme escolar e apoiariam os estudantes com profissionais de várias áreas, como nutricionistas, psicólogos e assistentes sociais. Também indicou que a prefeitura forneceria materiais didáticos selecionados pelos docentes conforme os projetos em desenvolvimento, que não necessariamente seriam os livros didáticos enviados pelo governo federal. Por fim, prometeu aumento salarial e melhoria nas condições de trabalho para os docentes.

Encerrando a reunião, o Paulo pediu a palavra e fez um bonito discurso lembrando que os sonhos são sempre fluidos e incompletos porque não há determinação no mundo. Por isso mesmo, são fruto de construções coletivas e estão sempre em aberto, como os nossos projetos de vida. Os acasos e as incertezas da vida, bem como as escolhas de caminhos equivocados, podem nos levar a objetivos diferentes daqueles que almejamos; daí a importância de termos essa bússola para nos guiar, que era o projeto político-pedagógico sendo adotado. Ressaltou que aquele PPP era o ponto de partida, mas que o ponto de chegada dependeria de todos que o abraçassem, das ações concretas da Secretaria da Educação do município, das relações com os estudantes e com a comunidade do entorno, e que por isso, como em todo projeto, não era possível prever aonde e quando chegaríamos. No entanto, ele estaria ali, contando conosco e com a nossa postura crítica nesse processo de construção coletiva, para construir a utopia de uma escola dos sonhos.

Eu saí da reunião empolgada, pois uma educação nesses moldes, atrelada à reorganização dos espaços e tempos da escola prometidos pela Secretaria da Educação, parecia um sonho. Como disse Álvaro de Campos, heterônimo do poeta português Fernando Pessoa, "tenho em mim todos os sonhos do mundo"; e, como sou feita da mesma matéria que os meus sonhos, pensando em Shakespeare, fui embora balançada e ponderando razões e emoções.

Foi uma decisão difícil, discutida em família, com muita resistência inicial do Jorge, que considerava que eu me envolveria demais na escola e relegaria outras facetas da nossa vida. Mas razões e emoções estavam alinhadas dentro de mim, e eu me joguei de corpo e alma no projeto. Há cinco anos, me tornei docente da EMEF Graciliano Ramos — a escola dos sonhos?

·····

2

A ESCOLA DOS SONHOS

> Se, na verdade, não estou no mundo para simplesmente a ele me adaptar, mas para transformá-lo; se não é possível mudá-lo sem um certo sonho ou projeto de mundo, devo usar toda possibilidade que tenha para não apenas falar de minha utopia, mas para participar de práticas com ela coerentes.
>
> **Paulo Freire**

SEMPRE OUÇO QUE A segunda-feira é o pior dia de todos. Depois de um fim de semana de descanso, diversão e convívio com amigos e familiares, o retorno ao trabalho na segunda, para quem trabalha na educação, parece ressaltar na mente sentimentos de ruptura entre nossa vida privada e nossa vida pública, representadas pelo lazer e pelo trabalho. É o dia de saudades do ócio.

Tenho que admitir que essa "maldição" da segunda-feira não se aplica a mim. Quando o meu relógio desperta às 6 horas da manhã, me vem uma sensação gostosa de ânimo e satisfação. Afinal, em cerca de uma hora estarei em sala de aula, reencontrando colegas e alunos do sexto ano da EMEF Graciliano Ramos. Esse retorno me enche de energia por tudo que imagino viver nos dias seguintes. Pode parecer piegas, e nem tudo é um mar de rosas, mas essa é a minha realidade, a de quem gosta do que faz.

Depois de um banho rápido e de tomar café da manhã com a Laura e o Felipe, vamos caminhando juntos para a escola, aonde chegamos em 15 minutos. Desde que a prefeitura implementou a escolarização em período integral e passou a alocar os professores em escolas próximas a suas moradias, como faz com as crianças há bastante tempo, essa rotina familiar passou a ser fonte de tranquilidade. Afinal, nada melhor para o meu trabalho e a minha saúde física e psicológica do que trabalhar perto de casa e poder atuar em apenas uma escola.

Um pouco antes das 7 horas, chego no portão da Graciliano Ramos e sou saudada de forma carinhosa pelo senhor Adalto, nosso simpático porteiro.

— Bom dia, dona Luana, como foi o fim de semana? E vocês, Laura e Felipe, se divertiram muito? Animados para mais uma semana?

— Bom dia, seu Adalto, tudo ótimo com a gente. E com o senhor? Conseguiu ver os seus netos e levá-los ao parque que eles tanto queriam?

— Ah, sim, foi muito bom. Esse parque novo que a comunidade da Vila São João reformou aqui pertinho ficou muito bonito! Foi equipado com brinquedos e aparelhos esportivos, além de ter uma trilha para caminhadas e um jardim que os próprios moradores vão manter. Me disseram que mandaram um convite para a escola fazer aulas lá, não só de educação física, mas de todas as matérias. Espero que dê certo!

— Que bom, vou perguntar sobre isso na próxima reunião de planejamento. Seria ótimo, não? Bom, seu Adalto, deixa eu correr. Nos vemos.

Fui direto para a sala dos professores, pois ainda tinha dez minutos antes do início da aula. Tomei aquele café delicioso que só a dona Rita sabia fazer todas as manhãs para nos receber e fui até o meu armário pegar os materiais para as aulas de hoje.

Devo confessar que deu vontade de ficar mais uns 30 minutos na sala dos professores, pois desde a última reforma ela ficou muito acolhedora. Distribuíram sofás, pufes, alguns computadores com acesso à internet, uma televisão de 50 polegadas, e instalaram um sistema de som com música ambiente. No canto direito, fizeram duas salas menores em *drywall* e vidro, mais reservadas, onde podemos nos reunir com colegas para discutir o planejamento dos projetos (essas salas foram apelidadas de "Aquário 1" e "Aquário 2"). E temos armários individuais, grandes e espaçosos, nos quais podemos guardar nosso material para não ter que levá-lo para casa todos os dias. Em outra parede, há uma bancada com uma pia e, sempre, uma garrafa de café, bolachas e algum bolinho para beliscar. É um ambiente inspirador e de muita tranquilidade, para desfrutar com os colegas professores — algo muito importante, considerando que ficamos o dia inteiro na escola.

Mas hoje só deu tempo mesmo de tomar um cafezinho, cumprimentar os colegas que ainda estavam ali — Darci, Pedro, Zezo e Miriam — e ir para a sala, onde me encontraria com o 6º A, pois a música de entrada já estava no meio. Ah! Explicando esse detalhe: o início e a transição das aulas são mediados por músicas de 2 a 3 minutos que tocam nos alto-falantes da escola. Enquanto a música toca, nós nos movimentamos tranquilamente e, quando ela termina, devemos estar todos, professores e alunos, no local apropriado. É bem interessante e menos estressante do que aqueles sinais tradicionais.

Minhas aulas de Língua Portuguesa têm duração de 100 minutos, e neste primeiro bloco vão das 7h10 às 8h50. Elas ocorrem na sala Glauber Rocha, uma sala multimeios. A configuração do espaço é bem diferente, pensada em uma concepção de flexibilidade e multimídia que incentiva os estudantes a interagir e pesquisar em múltiplas plataformas.

As cadeiras têm rodinhas para ser movimentadas pela sala com facilidade, e as mesas têm formatos diferentes que permitem montar mesas maiores e menores, com configurações variadas. Duas paredes completas estão pintadas com a tinta Eureka, que transforma qualquer superfície em lousa transparente, permitindo que se escreva nelas com caneta de quadro branco ou giz líquido. Além de ser fácil de apagar, os alunos adoram, porque oferece várias possibilidades de uso, como escrita, desenho e afixação de *post-its*. Em outra parede, que chamamos de "janela para o mundo", há uma lousa digital sensível ao toque, conectada a um projetor multimídia e um computador com internet. As imagens projetadas na tela podem ser modificadas e compartilhadas de forma síncrona com pessoas de qualquer lugar, sem que seja necessário utilizar óculos 3D para realidade virtual, desde que todos os usuários, tanto os presentes na sala quanto aqueles com acesso remoto, tenham instalado em seu computador o *software* de ambiente imersivo Virtend. Nesse espaço, os estudantes têm interagido com colegas de outras escolas do Brasil e até mesmo do exterior. Já tivemos, como parte de um projeto, alunos de uma escola brasileira e outra colombiana construindo poemas colaborativamente, utilizando o Microsoft Word e a própria voz, de forma síncrona, por meio de avatares do Virtend. Por fim, na quarta parede da sala, há estantes com livros, que eles podem pesquisar e fotografar ou digitalizar para os projetos. Eu adoro trabalhar nessa sala.

Na minha aula de hoje para o 6º A, vamos dar continuidade ao projeto Alimentação e Consumo Ecoeficiente, que vem sendo desenvolvido em todas as aulas das turmas do sexto ano neste bimestre, inspirado nos Objetivos de Desenvolvimento Sustentável (ODS) da ONU, um tema transversal no currículo de natureza ética. Hoje, os diferentes grupos terão de criar peças para o Instagram, o WhatsApp, o TikTok e o site do projeto a partir das pesquisas que fizeram nas últimas aulas de ciências, quando identificaram alimentos que são produzidos de formas ambientalmente sustentáveis. Cada grupo vai trabalhar com uma linguagem diferente e então compartilhar as experiências entre os colegas.

Aliás, o projeto Alimentação e Consumo Ecoeficiente, das turmas do sexto ano, está conectado ao projeto maior da escola neste semestre, que reúne todas as disciplinas de todos os anos em torno do ODS 12 — Produção e consumo responsáveis. Por exemplo, na sexta-feira passada, eu participei das aulas de Ciências, junto com todos os colegas professores do Fundamental II. O Douglas, professor de Ciências das turmas do sexto e do sétimo anos, e a Manu, professora das turmas do oitavo e do nono, deram aula juntos em um terreno baldio que fica no quarteirão da escola. Foi uma festa. Nos dois blocos iniciais de aulas, foram os alunos do sexto e do sétimo ano e, nos dois últimos, os do oitavo e do nono. Com a permissão do dono do terreno, a escola começou a transformar aquele espaço num grande laboratório de conhecimentos sobre solo, plantas, diversos tipos de organismos vivos, economia, arte e cultura.

É um projeto interdisciplinar muito interessante, com quatro meses de duração. Foi conceitualmente concebido pelo corpo docente dentro de um programa de desenvolvimento profissional do qual participamos por meio da Secretaria da Educação, cuja meta é transformar o currículo para que se baseie por completo na pedagogia de projetos. Nesse programa, embora as aulas fossem on-line, tivemos que conceber de forma coletiva um projeto inter e multidisciplinar, com uma temática transversal, a partir dos ODS, que desse sentido à articulação entre os diferentes saberes e conhecimentos. A forma e a metodologia do curso eram semelhantes às do programa Repensando o Currículo.

Assim, no planejamento geral interdisciplinar, que será construído a cada semana, as aulas de Matemática das turmas do sexto e do sétimo ano serão responsáveis por mostrar a importância da geometria e da álgebra para a vida, auxiliando na organização matemática dos espaços do terreno. Também serão construídos objetos com formatos variados, usando tubos e material reciclado, para apoiar as mudas e implementar uma horta vertical. A questão dos custos e orçamentos será explorada em outras séries, vinculada à noção de empreendedorismo, gestão financeira e cálculos mais complexos.

Em nosso planejamento, a equipe de Ciências também vai trabalhar com os conceitos de biossustentabilidade, bioquímica, química e física de materiais e movimentos — além, é claro, de estudar os diferentes tipos e formas de vida e sua evolução.

Geografia vai aproveitar essa discussão para abordar os fatores e as dinâmicas climáticas, as fontes de energia, bem como a dimensão humana e política dessas temáticas.

Zezo, o professor de Artes, adorou a "pegada" do projeto, como disse, e começou a imaginar as diversas possibilidades que os estudantes teriam de criar e produzir manifestações artísticas de forma articulada com as outras disciplinas. Um dos objetivos anunciados foi a utilização de materiais sustentáveis. Mas ia além; por exemplo, vislumbrava abordar as diferentes formas de comunicação nas culturas passadas, em conexão com a História e centrando-se no tema da alimentação e da agricultura, que constituíam a base de suas organizações.

Em LP, assumimos o compromisso de sistematizar os diversos tipos de conhecimento da área em torno a múltiplas ferramentas de comunicação e manifestação cultural, tendo como temática para essas produções os conteúdos do projeto e das demais disciplinas. Assim, ao trabalhar os elementos estruturantes e funcionais da língua e da comunicação, vamos desenvolver as aulas sobre temas como os que expliquei nos parágrafos anteriores, explorando a oralidade, a leitura, a produção textual e a reflexão linguística.

O que mais me anima nesse modelo organizacional é a empolgação dos estudantes com o projeto. Desde a primeira semana, quando demos o pontapé inicial, eles saem da escola e, no caminho para casa, acabam indo ao terreno. Às vezes, alguns ficam ali por mais de uma hora, conversando com os colegas e planejando as atividades. É como se a escola continuasse presente na vida deles para além dos espaços e tempos da Graciliano Ramos. Outro detalhe interessante é que já presenciei familiares de alunos visitando o terreno, também se envolvendo com o projeto. Percebi que as famílias estão se aproximando mais da escola, numa nova perspectiva, de parceria pedagógica.

De fato, o que esse modelo educacional está configurando para mim é a concretização do projeto político-pedagógico — vislumbrado há cinco anos e descrito pelo diretor Paulo — com a implementação dos seus cinco pilares: a transmissão de conhecimentos relevantes; o uso de situações-problema para o desenvolvimento pessoal integral; a busca da interdisciplinaridade; o trabalho colaborativo e cooperativo; e os princípios do aprender fazendo. Hoje, tudo isso começa a fazer sentido, mas nos primeiros dois anos não foi fácil. Foi uma construção coletiva envolvendo muita gente. Alguns desistiram no meio do caminho, buscando novos ares, e houve muita criticidade de nossa parte até que conseguimos, este ano, planejar o projeto de forma realmente interdisciplinar. Estou esperançosa de que tudo flua de modo mais tranquilo.

Mas voltemos à minha aula de língua portuguesa do 6º A, que ajudará a esclarecer essas questões. Essa viagem mental sobre o projeto todo, enquanto os alunos estão trabalhando nas peças para postagem, foi legal para reavivar a minha memória sobre os objetivos gerais que acordamos no início. Porém, é hora de ver como anda o trabalho dos grupos.

— Pedro, como está o TikTok?

— Está muito legal e divertido. Nós já fizemos o roteiro do vídeo e um primeiro ensaio. Você pode ler os textos e as cenas? Vamos fazer uma caricatura baseada no *A Praça é Nossa*. Eu vou ser o Carlos Alberto de Nóbrega no banco. Depois a Carol vai sentar e me perguntar o que eu comi hoje. Antes que eu responda, o

João e a Estela vão chegar gemendo, com dor de barriga por causa do que comeram, que é a mesma coisa que eu comi. — Pedro dá risada. — Aí vamos conversar sobre comida tranqueira.

— Parece que está ficando divertido. Eu vou ler o que vocês estão escrevendo e, conforme for, posso até problematizar os textos para que vocês reflitam e busquem alternativas para aprimorar os modos de se expressar, tudo bem?

O grupo da Lara, da Soraia, do Bruno e da Brenda está trabalhando com o Instagram. Eles criaram um perfil sobre produção ecoeficiente de alimentos, que vai contar a história do projeto no terreno.

— E aí, Lara, o que já conseguiram fazer hoje?

— Nós estamos criando peças para postagem no Instagram, uma por dia. Eu vou usar uma imagem do terreno original cheio de mato, com música e um texto sobre aquele mato, perguntando se é possível produzir alimentos ali.

— Luana — diz Bruno —, eu estou criando um *post* sobre o que é ecoeficiência, a partir do que vimos na aula de Ciências e do que eu pesquisei no dicionário.

— E eu, sobre o nosso desejo de transformar aquele terreno — complementou Soraia.

— E você, Brenda?

— O meu é sobre tipos de alimentos que podem crescer numa horta vertical, acompanhados de textos informativos que estou produzindo. Serão seis *posts* diferentes, na sequência.

— Muito bom, pessoal! Mas lembrem que o texto é para o Instagram. Não podemos escrever como se fosse um livro didático, certo? Quando todos terminarem, vamos apresentar para a turma inteira e preparem-se, pois vou questioná-los sobre os sentidos das palavras empregadas nos *posts* e as estratégias para atingir os leitores com as mensagens que vocês querem passar.

Fui, então, conversar com o maior grupo, que tem oito integrantes. Eles se subdividiram em dois para trabalhar no site do programa, que está sob responsabilidade das turmas do nono ano.

— Olá, pessoal, como está o trabalho de vocês?

— Oi, Luana — disse João. — Não está muito bom, não. Estamos com dificuldades. A galera do nono pediu que fizéssemos os textos sobre ecoeficiência para o site, mas numa linguagem simples. Acontece que só achamos textos científicos e não conseguimos entender direito.

— Vocês podem falar com o Bruno, ele está trabalhando com isso. Mas eu também posso ajudar: separem os textos que acharam e vamos identificar neles as características da escrita científica, para ver como podem ser convertidos em linguagem cotidiana.

Enquanto isso, fui conversar com o outro grupo:

— Lica, o que vocês fizeram para o site?

— A nossa tarefa é escrever sobre produtos orgânicos, e está fácil. Achamos muita coisa nas pesquisas. Quer ver como está?

— Claro!

Depois de ajudar os grupos do site, passei pelo último, que estava trabalhando com o WhatsApp.

— E vocês, Dora, o que estão fazendo?

— Oi, Luana, estamos bolando mensagens para convidar pessoas que moram perto da escola para conhecer o terreno e o nosso projeto. São quatro mensagens para que a direção compartilhe por WhatsApp, contando os objetivos do projeto, quem está participando, como ajudar e como tudo começou, incluindo a imagem original do terreno. Já estamos terminando.

— O que acham da ideia de produzir essas peças também em áudio? Assim, nós podemos discutir como as mensagens podem ter configurações diferentes dependendo de sua forma de comunicação. Inclusive como, a partir de outra linguagem, podem atingir públicos distintos, como as pessoas com deficiência visual.

— Gostei, Luana! — respondeu Lica. — Vamos fazer isso, pessoal?

Faltavam 20 minutos para essa aula acabar. Passaram tão rápido que eu nem percebi. Foi o tempo de pedir a cada grupo que mostrasse aos colegas o que tinha feito hoje e perguntar quais eram os próximos passos. Essa etapa é importante porque, na exposição em classe, eles têm a oportunidade de testar como sua escrita pode ser interpretada pelos interlocutores. Nesse momento, as incoerências do texto e os problemas de referenciação logo aparecem. Eu aproveitei para problematizar outros aspectos dos trabalhos que mereciam reflexão linguística, sintática ou gramatical. É assim que, no trabalho interativo, eles vão trocando conhecimentos, ampliando seu repertório e construindo estilos de escrita. No final, comentei que nas próximas semanas, assim que concluíssemos essa atividade, continuaríamos abordando o tema mediante a escrita de crônicas, aproveitando para explorar esse gênero textual.

Ver a alegria e o alto astral no rosto desses jovens ao sair da sala de aula é gratificante. O estudo da língua ganha sentido pelo envolvimento com o propósito da escrita, como diz uma das professoras e autoras que mais inspiram o meu trabalho e a quem sou grata: Silvia Colello, da Faculdade de Educação da USP. Todos os alunos fazem questão de se despedir ao passar ao meu lado perto da porta. E me vêm à memória os rostos apáticos e sem vivacidade de boa parte dos estudantes que saíam da minha aula alguns anos atrás, quando eu me limitava a ficar na frente da lousa ensinando advérbio para meia dúzia de interessados enquanto os demais vagavam alhures, perdidos em seus pensamentos silenciosos. Quando não dormiam!

Ter as aulas como espaço de criação e construção, de aprendizado da língua e de suas estruturas em contextos reais que mostram sua função e dinâmica na vida faz diferença. Além disso, a possibilidade de ter várias atividades ocorrendo ao mesmo tempo na sala de aula, dando aos alunos oportunidade para que escolham entre diferentes maneiras de se manifestar socialmente, mostra o equívoco de se querer ensinar a mesma coisa ao mesmo tempo para dezenas de estudantes enfileirados na sala tradicional. Consegui compreender que a diversidade dos estudantes, em seus múltiplos interesses e identidades, pode ser a matéria-prima para a qualidade na educação, além de promover mais engajamento e menos apatia. Lembro da primeira vez que tive contato com os princípios das inteligências múltiplas de Howard Gardner, que inspiraram essa mudança de perspectiva nas aulas. Explicando melhor esse detalhe, no início dos anos de 1980, esse professor da Universidade Harvard questionou a perspectiva de que a inteligência era centrada apenas em habilidades linguísticas e lógico-matemáticas, como é medido nos testes de QI e priorizado nas escolas, e defendeu que o ser humano tem várias capacidades intelectuais — de fato, na época, ele anunciou sete —, que se desenvolvem de forma específica em cada pessoa, dependendo de questões genéticas e culturais. Essa é uma mudança paradigmática que mexe bastante com a forma de organização e os objetivos da escola.

Chegou a hora do lanche. Esse intervalo de 20 minutos foi incluído logo após o primeiro bloco de aulas porque percebemos que alguns alunos não se alimentavam bem antes de sair de casa e não tinham um bom rendimento no segundo bloco. Então, para lhes oferecer uma refeição mais saudável pela manhã, o intervalo agora ocorre das 8h50 às 9h10.

Hoje, no entanto, eu não fui à sala dos professores junto com meus colegas. A Laura, minha filha que está no nono ano, veio me buscar para que eu visse o *flash mob* que a turma dela ia fazer no pátio da escola durante o intervalo, para chamar a atenção de todos sobre uma nova legislação que libera o uso, no Brasil, de agrotóxicos proibidos na Europa. Ela me explicou que o termo *flash mob*, que eu não conhecia, é uma manifestação repentina e rápida em ambiente público, para chamar a atenção sobre alguma pauta. Pois pouco depois de chegarmos ao pátio, os colegas da Laura, que estavam dispersos, começaram a gritar de lugares diferentes, e cada um levantava um cartaz sobre os impactos dos agrotóxicos na saúde das pessoas. Depois disso, os alunos se dirigiram à Praça do Futuro, no centro do pátio, e formaram um círculo invertido, ou seja, voltado para fora, levantando seus cartazes de frente para os colegas da escola. Então, gritaram juntos: "Somos contra liberar agrotóxicos cancerígenos no Brasil". E se dispersaram, cada um voltando ao seu grupo de amigos no pátio. Foi muito interessante ver a iniciativa deles e a consciência socioambiental demonstrada, vinculada ao tema dos projetos da escola.

Enfim, é hora de voltar, eu também, ao meu grupo. Como toda segunda-feira, nos próximos 100 minutos, no segundo bloco de atividades, eu, Marília e Suzana, minhas colegas que trabalham com LP nas outras séries, nos encontramos na sala dos professores para planejar e discutir a nossa integração nos diferentes projetos da escola. É o momento de criação da Língua Portuguesa, como costumamos brincar. Nesses minutos, no Aquário, ajustamos o planejamento, consultamos a plataforma multimídia on-line na qual ficam registrados os planejamentos de todas as matérias e projetos, e atualizamos os de LP para todas as séries, descrevendo as atividades que vamos desenvolver na semana. Assim, toda a equipe profissional, os alunos e suas famílias têm uma visão em tempo real do planejamento pedagógico da escola e do andamento dos projetos.

Terminado esse bloco, às 10h50 da manhã, lá vou eu para mais uma aula de 100 minutos na sala Glauber Rocha. Desta vez, com o 7º A. Essa turma é mais complexa, pois tem alguns alunos com sérios problemas de indisciplina, o que exige uma postura diferente da minha parte.

Nas turmas do sétimo ano, o tema do projeto é o desperdício de alimentos. Em LP, neste momento, estamos trabalhando a construção da textualidade empregando diversas formas de comunicação. Especificamente, nesta semana e na próxima, vamos trabalhar a construção de narrativas ficcionais com humor. Essa ideia, amparada na Base Nacional Comum Curricular (BNCC), surgiu para tentar capitalizar a veia humorística desses alunos que, em geral, estão sempre tumultuando por meio de brincadeiras. Minha intenção é canalizar essa energia e esse humor para algo socialmente produtivo, mostrando a todos que as brincadeiras e as gracinhas que os adolescentes fazem para divertir a turma, aparecer e chamar a atenção podem ser estratégias eficientes para conscientizar as pessoas.

Com os "engraçadinhos" distribuídos nos vários grupos, o trabalho hoje será criar diferentes textos informativos sobre a prevenção do desperdício de alimentos e ideias de reaproveitamento, em múltiplas linguagens humorísticas. Assim, enquanto um grupo está trabalhando com charges, outros estão produzindo propagandas para jornal, *posts* para Instagram e TikTok e paródias de músicas. Como comentei antes, sempre trabalho com vários projetos e ferramentas ao mesmo tempo, que é uma das melhores maneiras de respeitar e valorizar a diversidade dos estudantes. Eles próprios ficaram surpresos quando perceberam as diferentes formas de fazer humor, entendendo que as mesmas gracinhas usadas para boicotar as aulas podem ter um lugar legítimo nos propósitos sociais. No caso dessa turma, isso é ainda mais importante, pois engaja os alunos com histórico de indisciplina nas atividades acadêmicas, aproveitando o potencial e a energia deles.

Iniciei a aula recordando o que já havíamos discutido sobre a estrutura narrativa. Aproveitei o momento para sistematizar algumas ideias, evidenciando a importância de definir enredo, personagens, tempo e espaço, bem como organizar o tempo verbal. No bojo dessa conversa, surgiram dúvidas sobre como situar discursos diretos ou indiretos, o que rendeu uma boa reflexão em grupo. A partir disso, dei uns 30 minutos para que eles se organizassem e discutissem as ideias iniciais, e comecei a passar pelos grupos para acompanhar o processo de textualização.

— E aí, Lucas, por onde decidiram seguir? (Lucas é o mais debochado da turma.)

— Ô, prof, o nosso bagulho vai ficar maneiro. A Carol aqui tem mão boa pra desenho. Então a gente vai fazer umas charges góticas, macabras. Humor diferente, tipo grafite. A parada é o desperdício de comida. Das sobras de comida nos pratos vão sair uns bichos estranhos que vão ter uma treta engraçada com quem desperdiça.

Confesso que a ideia soou meio assustadora, mas os conheço e sei que vai ficar a cara deles, uma experiência de autoria. O Lucas lidera o grupo e, apesar de fazer papel de rebelde, não vai deixar a peteca cair. Ele gosta de mostrar sua liderança. A Carol é uma artista mesmo, e os outros vão na onda, encontrando seu jeito de contribuir. Hoje, achei melhor nem questionar sobre as estruturas linguísticas, porque senti que ainda estavam concebendo a parte gráfica. Às vezes é melhor dar um tempo para não inibir a construção discursiva.

— Pietra, já pensaram na propaganda?

— Está surgindo. O consenso inicial, mas ainda vamos conversar mais, é de fazer um anúncio contra o desperdício de alimentos. Vamos colocar o desenho de um prato feito na mesa de uma pessoa, comido pela metade, e dos alimentos que ficaram vão sair balões com textos bem-humorados de denúncia da situação, enquanto a pessoa estará com uma cara constrangida. Ah! Não se preocupe. Vamos usar discurso direto. E vamos contextualizar a situação, identificar os personagens, o tempo e o espaço.

O grupo inteiro começou a rir, tanto do enredo quanto do fato de a Pietra ter adiantado a resposta sobre o que eu ia perguntar: a estrutura textual. Eu também ri, e percebi que, mais do que incorporar princípios da escrita, eles estavam se divertindo com as ideias que surgiam. Então me dirigi para o grupo da Samara, a "parça" do Lucas de todos os momentos e gracinhas.

— Luana, você tem TikTok? — ela me perguntou.

— Eu, não. Vejo meus filhos assistindo e, muitas vezes, rindo. Mas não tenho. Acho que quem tem que conhecer essas tecnologias são vocês, eu já passei da idade. É melhor eu só supervisionar.

— Tô ligada. Então, nós estamos pensando em fazer uma versão TikTok das charges do grupo do Lucas. Eles fazem no papel e nós fazemos em formato de vídeo, com linguagem oral. O que acha? Pode?

— Você acha que vai dar certo?

— Ô, prof, claro que sim — gritou Lucas, no grupo ao lado.

— Então sigam em frente. Mas já sabem que eu vou questioná-los sobre a estrutura do texto e as diferenças entre a linguagem textual e a linguagem oral empregada, certo?

— Fica na paz, prof. Vai dar certo!

Fiquei "na paz", mas preocupada. Vou acompanhar isso de perto para garantir que eles não misturem as coisas. Mas pode ser interessante ver o mesmo produto em duas linguagens distintas, por isso concordei.

— Como estão as ideias para o Instagram, Jonathan?

— Ai, Luana, estamos chegando lá. Nosso grupo decidiu criar uma página no Insta para desmistificar o preconceito que as pessoas têm contra alguns tipos de verduras, por causa da aparência. Vamos fazer *posts* maneiros, engraçados, sobre a aparência feia de um tomate, ou alface, ou batata e tal, e depois vamos mostrar como eles podem ser aproveitados em pratos bonitos e saborosos. Tipo num molho de tomate ou numa sopa. O que acha?

— Muito legal, pessoal, mãos à obra! Sugiro que criem os enredos de cada *post* ainda hoje e me mostrem, para vermos como vocês estão estruturando os textos e explorarmos o sentido das palavras.

Por fim, vou até o último grupo, que vai fazer paródia de músicas. Eles tinham pedido para se reunir em outro espaço, pois fariam barulho na hora de pensar nas músicas. Estavam no refeitório, na maior agitação. Quando me viram, foram logo soltando um *rap*, anunciando a minha chegada, o Pedro na voz e o João na percussão, batucando numa mesa.

— Lá vem a Luana chegando ofegante, de olho na gente, nossa docente. Lua Luana, ela é boa gente, com mente adolescente e cabeça resiliente. Luana das línguas, da fala eminente, tem voz inocente, mas sempre coerente.

Todo mundo, incluindo eu, claro, começou a gargalhar.

— Está tudo na ponta da língua, viu, Luana? — comentou Pedro.

— Pedro, qual o sentido dessas rimas no *rap*, enquanto estilo musical?

— Eh, Luana... a poesia do *rap* busca dar mais sonoridade e ritmo à música. E as rimas ajudam nisso. Pegô?

— Peguei. Muito bom. Mas qual é o projeto de vocês?

— Vamos fazer um festival de *rap* sobre a cultura do desperdício e como isso se conecta com a violência. A ideia é divulgar para todas as turmas e pedir que eles façam as rimas para apresentar na semana que vem durante os intervalos de aula, no pátio. Cada dia, um ou alguns grupos da escola se apresentam, dependendo de quantos toparem o desafio.

— Que projeto legal! É um bom jeito de sensibilizar a escola para o problema do desperdício. Eu vou fazer a minha parte e divulgar on-line para que todos os professores saibam, inclusive a direção, assim não temos problemas, está bem?

Voltamos todos à sala de aula e confesso que, no caminho, me emocionei com a capacidade desses jovens de criar em cima da linguagem. Quanto eu aprendia com eles e sua criatividade! Claro que isso era possível pelo tipo de escola que estávamos construindo, que reconhece a importância da liberdade de criação e da comunicação como forma de sensibilizar os jovens e os professores em torno de projetos comuns. O conteúdo prescrito no currículo de Língua Portuguesa ganhou vida e ainda pôde se integrar com outras disciplinas. Avançamos, ainda, no vínculo com a escola, na integração das turmas e nas posturas pessoais, porque, pouco a pouco, eles iam se assumindo como pesquisadores, criadores e autores.

Na sala, todos os grupos apresentaram aos colegas suas ideias de projetos, e até o fim da aula foi aquele alvoroço, com cada um compartilhando sugestões e curiosidades sobre as propostas.

Hora do almoço. Tenho colegas que trazem lanche de casa e ficam na sala dos professores vendo televisão, batendo papo, usando o computador ou mesmo lendo. Mas eu almoço no refeitório da escola, onde às vezes encontro a Laura e o Felipe. A comida é bem balanceada, com um tempero simples e caseiro, preparada pelas cozinheiras com supervisão da Jane, nossa nutricionista. Além do mais, tenho que confessar, isso melhorou muitíssimo a minha vida, pois não preciso mais cozinhar em casa todos os dias na hora do almoço, ou ficar comendo qualquer coisa na rua, correndo de um lado para outro. Quem conhece a vida estressante de uma professora e sua dupla jornada na escola e em casa entende a minha satisfação!

Eu gosto da comida, mas uma das melhores coisas da Graciliano é o refeitório. Além do ar condicionado, que melhora o ambiente e o conforto de todos, em vários espaços foram instalados varais para exposições e trocas de experiências. Tem os "varais do conhecimento", para exposição de produções feitas pelas turmas em sala de aula, o "varal da cidadania", para exposição de iniciativas com foco na cidadania e no trabalho voluntário dos estudantes, por exemplo, ajudando colegas mais novos de outras turmas, e o "varal da comunidade", que comunica e convida a escola para atividades no bairro. Antes e depois das refeições, é sempre um programa passar pelos varais e acompanhar os diversos movimentos em curso.

Às 13h30 estamos de volta ao batente, no período da tarde, que de segunda a quinta-feira vai até as 15h30. Conheço escolas de período integral que usam as tardes para dar mais aulas das disciplinas tradicionais. Como diz um amigo meu: para fazer mais do mesmo. Os estudantes costumam, então, resistir a essas iniciativas. A alternativa, pelo que já estudei de escolas de outros países, é dedicar o período da tarde a atividades esportivas, culturais e de apoio aos estudantes com dificuldades.

Pois na Graciliano Ramos foi adotada essa segunda vertente de escola integral. Eu mesma atuo nesse período das 13h30 às 15h30, apoiando os estudantes com dificuldades. É um momento especial, porque trabalho em cada hora com três, quatro ou no máximo cinco alunos. Esses alunos ficam conosco, os professores, durante uma hora para a aprendizagem especial, e na outra hora da tarde participam de outras atividades com os demais colegas. A resposta e os resultados desses alunos costumam ser surpreendentes. Em pouco tempo, eles estão novamente integrados ao ambiente regular de aprendizado da sala de aula, com boa autoestima e engajamento. Esse, aliás, é o sentido daquele *slogan* de não deixar nenhum estudante para trás, pois todos e cada um merecem a oportunidade de aprender. Algumas dessas crianças e adolescentes ficam alguns meses conosco nesse trabalho. Outros, um ano ou vários. O que importa é que, dessa forma, a escola cumpre um de seus papéis essenciais: a inclusão.

Na parte da tarde, o foco é a aprendizagem diversificada dos estudantes e, por isso, as atividades não são organizadas por séries e turmas, e sim por temas. São dois blocos de uma hora. É nesse período que ocorrem as aulas de educação física e outros projetos corporais e culturais, para os quais contamos com a colaboração de algumas ONGs da comunidade e famílias voluntárias. Alguns exemplos são: aulas de teatro e de música, como percussão e violão, rodas de *rap* e *hip-hop*, de leitura, programação computacional (*games* e construção de sites), ateliês de culinária, artesanato, customização de roupas e até mesmo aulas sobre religiões.

Os parceiros desses programas apresentam as propostas para a escola e, uma vez aprovadas pelo Conselho Escolar, assumem compromissos formais semestrais ou anuais. Alguns são financiados por convênios com a prefeitura, outros são ONGs que atuam com recursos próprios, mas há também alguns pais e mães que se voluntariam para dar aulas sobre temas que conhecem, como culinária, violão, marcenaria e artesanato. Esse também é o caso de professores que podem ofertar aulas diversificadas, e mesmo alunos que têm alguma habilidade e querem compartilhar com os colegas. Por exemplo, o professor Douglas, de Ciências, dá aulas de percussão de raiz afro, enquanto a Tânia dá aulas de dança afro. Quanto aos alunos, o Lucas organiza jogos de basquete uma vez por semana e o Pedro faz sessões de *rap*.

Essa forma de educação, integral e altamente integrada com a comunidade do entorno, foi o que trouxe as mudanças mais profundas para a Graciliano Ramos. Quando eu cheguei ali, há cinco anos, a escola era muito diferente: paredes internas e muros externos pichados, muita violência dentro e fora da escola e pouco engajamento dos corpos docente e discente. Cheguei no momento de reestruturação da gestão promovida pela prefeitura, com a chegada do Paulo, o novo diretor, que veio com essa ideia de transformar a vida daqueles jovens, impactando a vida de suas famílias e da comunidade. Eu me lembro que um dos primeiros projetos implementados na escola integral foi a oficina de grafite dada pelos grafiteiros da comunidade, a convite do Paulo. Houve um diálogo real, de compreensão mútua de perspectivas de manifestação cultural entre a escola e os jovens da comunidade. O resultado foi a limpeza dos muros da escola, simultânea à criação de espaços dentro da escola para o grafite. A cultura *hip-hop* também esteve presente nesse movimento, e ainda ocorrem na escola algumas iniciativas. A ação mais consistente, no entanto, foi promovida pelos professores Douglas e Tânia, que também chegaram nessa época, trazendo seu desejo de fortalecimento e resgate das culturas africanas para a escola. Em consonância, criaram um grupo de percussão e outro de danças afro, que permanecem em atividade até hoje, já tendo se apresentado em diversos espaços culturais da cidade e até mesmo na televisão. Hoje, há cerca de 50 jovens envolvidos nesses projetos.

    Paralelamente, algumas famílias também se aproximaram da escola, e foi se construindo uma relação de confiança. Nada rápido, mas consistente. Como eu mencionei, hoje boa parte das atividades do período vespertino é desenvolvida por pais e mães que se dispõem a doar um pouco de seu tempo e de suas habilidades para os jovens da escola, que, afinal, pertencem à comunidade.

Essa experiência passou a dar um novo sentido a tudo que eu já tinha lido e vivenciado sobre a aproximação da escola com a comunidade. As famílias não vêm apenas às reuniões de avaliação para ouvir a respeito do desempenho escolar de seus filhos e filhas, das queixas sobre seu (mau) comportamento na escola etc. Embora essa seja a tônica de participação de boa parte das pessoas, o fato é que essas vozes — que, por diferentes motivos, denotam displicência ou apatia — vão sendo envolvidas e empoderadas pelas vozes ativas daqueles que se engajaram nas ações da escola e pelos próprios resultados visíveis na aprendizagem e no desenvolvimento dos jovens.

São 15h30 e vai chegando a hora de encerrar o dia. De segunda a quinta-feira, nós, professores, ficamos até as 16 horas. Nesses 30 minutos, temos liberdade para fazer o que quisermos e, em geral, a maioria utiliza o tempo para corrigir atividades, evitando levar trabalho para casa. Muitas vezes, um ou dois dias por semana, temos alguma atividade de formação profissional oferecida pela Secretaria da Educação ou alguma reunião com a direção da escola.

Meus filhos, Laura e Felipe, também fazem atividades da escola enquanto me esperam, depois voltamos juntos para casa.

Estou cansada, mas o sentimento é um misto de cansaço físico com satisfação. Na minha cabeça há um turbilhão de reflexões sobre o que eu vivi hoje na escola, os registros que fiz e os planejamentos para os próximos dias. A síntese desse estado é ânimo e harmonia. Então começo a conversar com a Laura e o

A ESCOLA DOS SONHOS

Felipe sobre o que eles viveram na escola, até que chegamos em casa, antes das 16h30.

Terça-feira. Como todos os dias, o despertador toca às 6 horas da manhã. Após a rotina matinal com os meus filhos, às 7 horas estamos na porta da escola. Será um dia diferente para mim. As turmas do sexto e do sétimo ano sairão para uma excursão da qual eu não vou participar. Vinculado ao projeto da escola, os estudantes visitarão o depósito de lixo municipal, visando conhecer e interagir com os processos, a estrutura e a dinâmica da coleta e do tratamento do lixo na cidade. E terão uma tarefa específica: identificar a composição do que é descartado pelos moradores, com foco principal em alimentos e materiais recicláveis. No final, eles terão de identificar problemas passíveis de estudos para construir ou projetar soluções que permitam algumas melhorias no futuro.

O município, para desenvolver seu planejamento plurianual de investimentos e melhorias na educação, requer que cada escola elabore seu projeto político-pedagógico. Com alguns colegas, assumimos a missão de elaborar esse PPP para a EMEF Graciliano Ramos. Junto com a direção e um grupo de funcionários e docentes, vamos percorrer os espaços internos e externos buscando identificar pontos com fragilidade e com potencial de melhoria. Iniciamos a visita pelo bairro, caminhando pela vizinhança, e cada um de nós conversou com pessoas aleatórias para conhecer a percepção delas e saber o que esperam da Graciliano Ramos. Consideramos importante captar essas ideias espontâneas, fora de reuniões formais, ouvindo inclusive pessoas que não têm mais filhos na escola ou que nunca tiveram. A base desse trabalho de escuta da comunidade é o *Design Thinking* (DT). Foram conversas livres, uma prosa, como se diz. Eu conversei com uma jovem, ex-aluna, e com o dono de um mercadinho, um senhor cujos netos frequentam a escola.

A jovem estava no ponto de ônibus, indo para o trabalho. Ela se chama Amanda e relatou que gostava muito da escola, que agora estava fazendo um curso técnico noturno de auxiliar de enfermagem e estagiando em hospital. Na sua opinião, a principal lacuna na Graciliano Ramos era a falta de um trabalho mais consistente para ajudar os estudantes a construírem seu projeto de vida, para além dos objetivos profissionais. Ela própria "quebrou muito a cabeça" no ensino médio e, apesar de gostar da área de saúde, sentia que estava estudando enfermagem mais por uma questão de oportunidades do que por uma decisão amadurecida e refletida. Como sempre gostou de cuidar de outras pessoas e queria fazer um trabalho social, as coisas foram se encaixando, e ela estava seguindo esse rumo meio que por inércia. A escola poderia ter um programa de fortalecimento psicológico que auxiliasse os jovens a articular seus desejos pessoais e profissionais. Como o ônibus se aproximava, o último comentário dela foi: "estou feliz, mas não é todo mundo que tem consciência do que gosta na vida e consegue encontrar as oportunidades adequadas. A escola deveria apoiar".

Aquela conversa me fez pensar na minha própria trajetória de vida, dando razão à Amanda. Um bom ponto a ser discutido na escola.

O dono do mercadinho em frente à escola se chama Antônio. Ele se dispôs a conversar comigo porque, além do fato de que seus netos estudam na Graciliano, ele sempre ouvia comentários de fregueses e crianças. No relato do senhor Antônio, a escola mudou bastante nos últimos anos, para melhor, e isso era reconhecido por todo mundo que passava por ali. Foram citados os muros limpos, a simpatia do diretor Paulo, a relação com as famílias e o clima escolar. Quando questionei sobre o que ele achava que poderia melhorar, depois de pensar uns instantes, ele respondeu: "A Graciliano Ramos tinha que abrir turmas de ensino médio, pois o seu trabalho com os jovens daqui precisava ter continuidade".

Como combinado, às 9 horas voltamos para a escola, cada um levando as histórias que ouviu durante a visita à vizinhança. Marcamos o encontro na Praça do Futuro, nome dado pelos alunos ao espaço criado de forma coletiva há dois anos. No centro da praça há um pódio, que eles utilizam quando querem fazer algum anúncio ou apresentações para os colegas. Esse pódio está rodeado de canteiros, pois também é ali que ocorrem atividades de plantio e cultivo das hortaliças que, posteriormente, são utilizadas na preparação dos alimentos da escola.

Durante meia hora, cada integrante do grupo relatou o que ouviu em suas prosas, e o Paulo foi sistematizando principalmente as sugestões e as lacunas que as pessoas apontaram, pensando em propostas para a melhoria da escola.

Como planejado, depois dessa conversa nós fomos para a sala @graciliano (dizemos "arroba Graciliano"), que é o nosso espaço tecnológico. O objetivo era avaliar *in loco* as condições da sala e estudar novas possibilidades de uso. A sala está equipada com mobiliário confortável e flexível que possibilita diversas formas de organização dos espaços, como em ilhas ou mesmo aberto no centro, empilhando as mesas e cadeiras nos cantos.

Há uma tela branca em cada parede e, no teto, um projetor multimídia com conexão Wi-Fi direcionado para cada uma das telas, o que permite que, ao trabalhar em grupo, os alunos projetem imagens a partir de seus celulares. O espaço também conta com cinco *notebooks*, reforçando a flexibilidade e a conectividade. Este ano, conseguimos comprar dois kits *"youtuber"*, que vêm com itens para iluminação, mesa de controle de som e uma série de coisas que auxiliam na produção de vídeos para as redes sociais. Eu diria que atualmente esses são os equipamentos que vêm sendo mais utilizados pelos estudantes na @gracialiano. Por fim, há uma série de equipamentos para digitalização, como escâner, câmera fotográfica digital e uma mesa digitalizadora.

Embora o sinal de Wi-Fi esteja disponível em toda a escola, na @graciliano ele é mais forte, por isso é o local preferencial para projetos de pesquisa que utilizam internet e requerem conexões mais robustas. No ano passado, considerando que mais da metade dos alunos possui telefone celular, a escola decidiu investir na tecnologia móvel, incentivando-os a trazer esse poderoso equipamento de informática e comunicação para as aulas. Uma das razões para essa decisão foi a percepção de que, por ser de uso pessoal e de primeira necessidade para esses jovens (aliás, hoje em dia, para qualquer pessoa), eles tomam muito cuidado com o próprio celular. Raramente ocorrem acidentes. Então, em vez de computadores, foram adquiridos 30 *smartphones* que ficam disponíveis para os alunos que não têm aparelho celular. Quando precisam usá-los em outras salas da escola, durante as aulas de qualquer disciplina, esses alunos podem reservá-los e pegá-los emprestado na @graciliano, devolvendo no final da aula.

A ESCOLA DOS SONHOS

A discussão ainda é incipiente, em parte devido aos prazos que temos, mas também em virtude das perspectivas de atualização tecnológica, o que demanda escolhas muito cuidadosas para evitar gastos em equipamentos que logo se tornam obsoletos. O grupo formado pela direção analisou dois contextos complementares na @graciliano: o tecnológico e o pedagógico.

Na perspectiva tecnológica, o encaminhamento inicial é de seguir apostando na mobilidade da telefonia celular e do Wi-Fi, buscando investir mais em *softwares* inovadores como o Virtend, que promovam a interação e a coconstrução de conhecimentos. O uso de tecnologias imersivas 3D, que possibilitam aos estudantes compartilhar, na tela sensível ao toque, experiências que misturam o mundo real e o virtual por meio de avatares da plataforma Virtend, foi bastante elogiado. A plataforma permite integrar ferramentas Google, que todos conhecem, e também da Microsoft (Word, Excel, PowerPoint e Skype), sem necessidade de utilizar equipamentos caros, como os óculos virtuais. A tendência definida é seguir nessa direção enquanto propostas como o metaverso e a realidade aumentada não se tornam acessíveis. Assim, a aposta será adquirir assinaturas de *softwares* que não estejam disponíveis em versões gratuitas, embora os gratuitos devam ser prioridade absoluta. Vamos fazer uma consulta aos docentes e aos estudantes, mas já foram sugeridas, e estão no repertório para este momento, as plataformas Padlet, Canva, Scratch, Minecraft, MakeBeliefsComix, Comics, Lucidchart, Whimsical, CapCut, InShot e Seesaw, além do ChatGPT. A lógica a ser seguida é a de que os *softwares* devem ser coerentes com os princípios de metodologias ativas que permitam a criatividade e a colaboração, e não repositórios de informações nos quais os alunos podem apenas pesquisar o que já foi predefinido por quem criou a plataforma.

De forma complementar, no aspecto pedagógico, deveríamos caminhar para modelos nos quais se destaque o protagonismo dos estudantes, com foco em pesquisas colaborativas. Nesse sentido, o Paulo, nosso diretor, trouxe uma perspectiva bastante diferente daquela que sempre ouvimos por aí (que os professores não têm tempo para aprender esse monte de *softwares* e que por isso preferem não usar). Em nossa reunião, ele falou:

— Quem disse que vocês precisam aprender a utilizar esses programas? O objetivo é que os alunos façam isso. Deixem que eles pesquisem e aprendam. Eles gostam, estão interessados e têm tempo para descobrir. Sobre isso, cabe aos professores aprender com os alunos. Eles sabem muito mais do que nós. Então, aprendamos com eles! Isso não precisa ser foco de desgaste psicológico para nós, professores.

Confesso que a primeira vez que ouvi essa ideia do Paulo fiquei meio confusa, mas depois foi fazendo sentido. Quando quero aprender algo de tecnologia em casa, o que eu faço? Peço ajuda à Laura e ao Felipe. Eles manjam tudo sobre isso. É verdade que não têm muita paciência comigo, mas se esforçam, e eu aprendo com eles. Por que não posso aprender com os meus alunos, ou deixar que eles cuidem dessas questões sem me estressar?

Enfim, a ideia inicial da nossa comissão para o próximo ano é aprofundar um modelo pedagógico para a @graciliano em que, dependendo dos objetivos do projeto e da disciplina, os próprios estudantes nos ajudem a encontrar a melhor plataforma digital a ser utilizada. Assim, nosso papel é efetivamente mediar o trabalho nas atividades em que os alunos têm o protagonismo. O professor Zezo ficou de fazer um relatório sobre a @graciliano.

Na sequência, fomos visitar a próxima sala especial da escola, o Laboratório CriativAção, nosso espaço *maker*. Hoje em dia, muito se fala da cultura *maker*, e confesso que sempre tive dificuldade de reconhecer como ela poderia ser aplicada nas minhas aulas de Língua Portuguesa. Agora tenho mais clareza, mas ainda não uso muito o espaço.

Alguns colegas e alunos a chamam de "sala do fim do mundo", pois tudo quanto é bugiganga, material descartável, sucata e lixo (de verdade) é levado para lá. Eu diria que é um dos locais mais adorados pelos estudantes.

O Laboratório CriativAção da Graciliano é bastante simples se comparado com as salas *maker* que vemos em escolas particulares, mas tem as mesmas funções e estrutura. A epistemologia por trás desse tipo de espaço é a perspectiva do aprender fazendo, fundada em ideias de autores como Freire, Piaget e Vigotski sobre o entendimento do papel da ação na aprendizagem. Essa abordagem, além de promover a criatividade, coloca os estudantes no centro do processo de aprendizagem ao lhes dar a oportunidade de planejar, construir e testar produtos e processos a partir de problemas reais levantados por eles próprios e pelos professores. O CriativAção é bem bagunçado, mas tem as coisas básicas. Numa das paredes, há um painel onde se penduram ferramentas de todo tipo. Sobre a bancada que ocupa uma lateral da sala, há equipamentos simples de bricolagem, como torno, ferro de solda, uma máquina de costura, furadeira, parafusadeira e serra elétrica. No fundo da sala, colocaram um biombo de tecido e, atrás dele, guardam-se todos os materiais que são utilizados para a construção das coisas — é nessa sala que os grupos constroem, em escala, os protótipos dos projetos em desenvolvimento. Embaixo da bancada da outra parede lateral há uma série de gavetas e armários onde se armazenam materiais menores, como parafusos, pregos, soquetes, peças de Lego, ganchos, tecidos, papéis etc. Vale dizer que boa parte dessas miudezas é trazida pelos próprios estudantes, de coisas que sobram ou que eles encontram em casa. Por fim, no meio da sala há algumas mesas simples de madeira, bem rústicas.

O grande objetivo da direção e de alguns professores é conseguir uma impressora 3D e uma cortadeira a *laser* para o laboratório, e isso entrará no planejamento plurianual. Do ponto de vista pedagógico, a meta é envolver mais docentes de áreas como linguagens (sim, eu mesma!) e humanidades, que fazem pouco uso do espaço. Sua concepção é que há muito potencial para que as humanidades criem situações concretas nesse laboratório, não só engajando os estudantes na aprendizagem como também gerando outros tipos de conhecimento. Por exemplo, a confecção de maquetes e indumentárias pode estimular o estudo de diferentes culturas e lugares; as linguagens podem incentivar a criação de objetos e simbologias inovadoras para a comunicação; e as artes têm todo um potencial de criação artística com texturas, cores e tecnologias com os materiais disponíveis.

Assim, no que se refere ao planejamento do uso do laboratório, a discussão do nosso grupo se centrou em pensar estratégias para que esses objetivos sejam alcançados, considerando a infraestrutura e o envolvimento de mais disciplinas. Como sempre, um docente ficou responsável por sistematizar as nossas conversas, e desta vez o escolhido foi o colega Pedro.

Nossa próxima parada foi no espaço que comporta o grande projeto da escola: a quadra esportiva. Está em negociação com a prefeitura há pelo menos um ano, e agora vamos empenhar toda a nossa energia, envolvendo a comunidade, na luta por reorganizá-la. Explico: a Graciliano tem uma quadra que foi coberta há alguns anos. Nossa meta é transformá-la num espaço multiuso de esportes, cultura e lazer. Isso exigirá uma grande reforma, e fizemos um projeto para execução em duas etapas. A primeira, mais simples, contempla adaptações e a construção de novos espaços que deem suporte a atividades de cultura, como um palco. A segunda etapa é um projeto mais amplo, de transformação da quadra num ginásio multiuso. Enfim... seguimos sonhando e lutando por transformações.

Ah! Eu já ia me esquecendo: a síntese das possibilidades de melhoria da sala Glauber Rocha, onde costumo dar as minhas aulas, ficou sob minha responsabilidade. A visita do grupo a esse espaço ocorrerá na próxima semana.

Com um pouco de atraso por causa do trabalho dessa comissão da qual participo, por volta das 11h30 fui ao terreno baldio junto com os colegas de Artes, Inglês e Educação Física. Toda terça-feira, neste último bloco da manhã (das 10h50 às 12h30), eu me reúno com os outros professores da área de linguagens. Como esta semana temos o desafio de pensar e planejar a articulação dos conteúdos com os projetos das quatro séries do Fundamental II, decidimos fazer isso indo ali juntos, em missão de reconhecimento do terreno e em busca de inspiração.

O foco da nossa conversa foi a proposta do laboratório de conhecimentos sobre solo, plantas, diversos tipos de organismos vivos, economia, arte e cultura, tendo como referência o ODS 12.

Eu expliquei o que tinha começado a trabalhar com os alunos de sexto e sétimo anos em LP, a partir dos nossos planejamentos anteriores, e cada um dos meus colegas contou como estava trabalhando: o tratamento das imagens em mídias digitais, a língua inglesa como ferramenta de comunicação social cotidiana e o corpo em gincanas de exercícios múltiplos vinculados a desafios ambientais. Conversamos também sobre possíveis caminhos no decorrer do semestre, a depender do desenvolvimento das ações dos projetos envolvendo o terreno. Decidimos que esses caminhos pensados seriam levados à reunião semanal de planejamento dos projetos da escola naquela sexta-feira.

Essas reuniões de planejamento, aliás, são a alma do projeto acadêmico da Graciliano Ramos. Toda sexta à tarde, temos uma reunião de planejamento com os docentes e a coordenação. Primeiro fazemos uma reunião geral e, depois do café, reúnem-se os docentes de cada série. Como é comum que um professor dê aulas em mais de uma série, como é o meu caso, organizamos uma escala que nos permite passar pelos diferentes grupos. É complexo, mas funciona. O planejamento específico acontece em momento posterior, nos encontros entre os docentes da mesma disciplina, e da mesma área de conhecimento, como o que tivemos hoje entre os professores de linguagens.

Ou seja, a Graciliano Ramos conseguiu implementar aquele que era o meu desejo e o da maioria dos meus colegas desde que ingressei na profissão: planejamento contínuo, inter e multidisciplinar, tendo algum tema transversal ético como referência para unir os diferentes campos de conhecimento, por meio da pedagogia de projetos. Isso só está sendo possível, claro, a partir de uma decisão política de priorizar as escolas de tempo integral, com professores alocados em apenas uma escola, também em tempo integral, e remuneração justa.

A consequência dessa decisão política e de gestão escolar é sentida na rotina cotidiana da escola, que funciona com menos estresse no dia a dia e maior consciência da importância do currículo previsto na legislação e dos objetivos da educação. Isso impacta, também, o estado de ânimo dos docentes, que trabalham com mais prazer e engajamento. No final, esse impacto é sentido na vida e no aprendizado dos estudantes, que gostam e desfrutam de estar na escola.

Já são 12h30 e os estudantes que foram visitar o depósito de lixo devem estar retornando, então voltamos para almoçar. Mas, em resumo, esta foi uma manhã cheia, rica em planejamento e aprendizados. Eu gosto dessa sensação de mobilidade, de que a nossa escola está sempre em movimento, buscando aprimorar seu projeto político-pedagógico. Mesmo estando muito bem em nosso trabalho, não paramos de pensar em como alcançar a excelência e trazer uma formação cada vez mais eficiente para a comunidade da Graciliano.

A rotina para o que restava do dia seguiu a mesma dinâmica, incluindo a volta para casa com os meus filhos. Assim, também, a do despertar no dia seguinte para mais um dia de trabalho.

Nesta quarta-feira, a primeira aula será com o 6º B. Não vai ser na sala Glauber Rocha, como usualmente. Recebemos um convite do Douglas, professor de Ciências, para nos reunir com o 6º C, que estará com ele no Laboratório Carlos Chagas. Esse laboratório de Ciências é muito interessante. Tem alguns materiais de experimentação tradicionais, como pipetas, tubos de ensaio, bécher, bico de Bunsen, microscópio etc., e sua estrutura é simples, com pias nas laterais e bancadas para apoio dos equipamentos, além de mesas flexíveis que permitem diferentes organizações no centro. O mais importante, porém, é que ele está integrado (separado por uma porta) ao Laboratório CriativAção. Com isso, sempre que surge a necessidade de um equipamento não disponível na escola, os professores convidam os alunos a criar e construir esse equipamento no CriativAção. Já foram feitos microscópios caseiros, estufas de cultivo de culturas biológicas usando papelão e papel alumínio, equipamentos para experimentos óticos, como lunetas com PVC, "canhões" que disparam bolas para o estudo de trajetórias e muito mais.

Logo no início, o Douglas explicou aos estudantes que a atividade naquele dia estava ligada ao projeto de uma horta vertical que pudesse ser implementada no terreno perto da escola, e que o objetivo, na aula, era estudar formas de se reduzir o uso da água no cultivo de hortaliças e vegetais, bem como potencializar o fornecimento de nutrientes como cálcio, ferro e fósforo, necessários ao desenvolvimento das plantas.

Para o estudo, ele dividiu os alunos em grupos de quatro e lançou o desafio que será executado nas próximas quatro semanas. Utilizando material reciclável, cada grupo deve construir um protótipo de um recipiente que permita sua instalação vertical e estudar formas de fornecer água e nutrientes. Para a criação dos protótipos de recipientes para as plantas, a sugestão foi que se reaproveitassem garrafas PET ou outras embalagens desse tipo, pois são fáceis de encontrar e utilizar. Canudos plásticos ou outros materiais similares poderiam ser empregados para a condução de líquidos no protótipo da tubulação. O estudo da composição dos nutrientes seria realizado na aula seguinte.

A próxima etapa do projeto, como explicado pelo Douglas, pressupõe elaborar líquidos com nutrientes para o desenvolvimento das hortaliças. Por fim, após as prototipações iniciais e a definição do melhor sistema de plantio e cultivo, considerando o emprego da menor quantidade de água, todos os grupos trabalhariam de forma conjunta na construção da estrutura de fixação, suporte e armazenamento dos vasos e tubulações da horta vertical. O Laboratório CriativAção está disponível para o uso dos grupos no processo de prototipação da estrutura.

A minha participação com LP nesta etapa do projeto? Como planejado na reunião da sexta-feira passada, seguiria os mesmos princípios adotados com o 6º A, que expliquei na aula de segunda-feira. A partir dessas pesquisas e prototipações das aulas de Ciências, nas próximas semanas, durante as minhas aulas, os mesmos grupos deverão criar peças para o Instagram, o WhatsApp, o TikTok e o site do projeto maior da escola, informando sobre os protótipos em desenvolvimento. Cada etapa desses protótipos deverá ser comunicada semanalmente nas plataformas escolhidas. Eu promoverei questionamentos e aprofundamentos sobre a produção textual e a reflexão linguística com base nos textos que eles produzirem para as peças, orientando o uso e as aprendizagens da Língua Portuguesa.

Um dos maiores aprendizados que eu, professora, tive com esses projetos efetivamente interdisciplinares foi conseguir sair daquela lógica de homogeneização da educação, quando preparava e dava a mesma aula para todos os alunos e todas as turmas. Essa forma homogênea, devo reconhecer, era entediante, e tinha hora que eu mesma me confundia e já não sabia o que tinha dito em cada turma! Trabalhar de forma interdisciplinar e com projetos que variam não apenas entre as turmas, mas dentro de cada grupo exige uma outra mentalidade ao abordar o conteúdo e, certamente, mais flexibilidade. No começo, isso me deixava ansiosa, mas hoje eu considero que meu planejamento de aulas é até mais fácil. Minha preparação é mental. Com base nos conteúdos de LP que devem ser trabalhados em cada série, o que precisei aprender foi a desenvolver uma postura questionadora para ajudar os estudantes a refletir sobre o que e como estavam produzindo; tive que trabalhar a intertextualidade, convidando-os a transitar por diferentes tipos de linguagem, adequando-se aos interlocutores e aos propósitos comunicativos. Assim, para mim não faz diferença se o que está sendo produzido é um texto para um site ou um roteiro de vídeo para o TikTok ou o Instagram. Meu papel é fazer o questionamento adequado para que os estudantes se apropriem dos recursos linguísticos e deem sentido ao que querem comunicar.

Esses 100 minutos de aula passaram muito rápido. Como era hora do intervalo, os alunos foram se dirigindo para o pátio, enquanto eu e o Douglas fomos para a sala dos professores conversando sobre como os olhos dos alunos brilhavam com o projeto (claro que sempre há aqueles que não se envolvem, mas hoje eles são minoria). O café já estava na mesa, acompanhado de bolo de cenoura fresquinho, amoras e limonada, preparados pela dona Rita com ingredientes colhidos na escola. Uma delícia de momento para conversar e relaxar.

A minha segunda aula hoje é com o 7º C, na sala Glauber Rocha, trabalhando o tema do desperdício de alimentos. Depois de discutirmos sobre as possibilidades, os canais e os suportes para a veiculação das ideias, os grupos do 7º C também criarão diferentes textos informativos sobre como evitar o desperdício de alimentos, sem deixar de aproveitar os princípios do humor.

O 7º C é bem mais tranquilo do que o A, e os grupos são mais centrados. Um diferencial é que eles estão muito mobilizados com o TikTok e, por mais que eu tentasse mudar o foco, todos os grupos com a exceção de um optaram por produzir conteúdo para essa rede social. A única concessão que consegui foi que cada um trabalhasse um gênero diferente. Assim, um grupo decidiu fazer textos para vídeos em formato de *stand-up*; outro escolheu criar letras para músicas que acompanham dancinhas; outro vai produzir textos científicos na cozinha da escola; e o último vai fazer textos para compor o "Foto Random". Também não sabem o que é? Foi mais um aprendizado meu com esses pré-adolescentes. Eles me explicaram que no "Foto Random" se fazem vídeos utilizando uma série de fotos sobrepostas ou em sequência. No caso deles, as fotos seriam com textos, de quadras cômicas que vão escrever sobre desperdício. Ah, o quinto grupo, que não vai usar o TikTok, produzirá uma história em quadrinhos.

Passamos a aula toda trabalhando em grupos nos roteiros e argumentos dos vídeos e da HQ. Eu circulei pelos grupos ouvindo e intervindo sempre que necessário, trabalhando com eles a oralidade, quando era o caso, e promovendo reflexões sobre as estruturas linguísticas que estavam sendo utilizadas.

No terceiro bloco de aulas da manhã, das 10h50 às 12h30, fui com o 7º B até a Biblioteca Machado de Assis. Eles chegaram à conclusão de que a produção linguística, oral ou escrita, depende do conhecimento sobre o tema e sugeriram esse local para realizar as pesquisas sobre desperdício de alimentos e reaproveitamento de matérias-primas.

Nos últimos anos, nossa biblioteca tem passado por mudanças graças ao trabalho da Aline, a bibliotecária, que vem pesquisando bastante sobre como as bibliotecas estão se transformando diante do comportamento dos estudantes e do avanço das novas tecnologias. De um local silencioso, apenas para armazenar livros, a Machado de Assis está se convertendo em um espaço de aprendizagem e interação cultural, propiciando sessões de contação de histórias, exibição de filmes, tertúlias poéticas e rodas de conversas literárias, nas quais os estudantes são incentivados a escrever livros, cordéis, fanzines e a discutir com os colegas. Para isso, pouco a pouco, a organização do espaço, do mobiliário e do acervo vem sendo modificada, a começar pela alocação de vasos com plantas e pela instalação de uma TV e um projetor multimídia para a exibição de filmes e documentários, com pufes ao redor. Também estão disponíveis quatro *notebooks* com acesso à internet e outros equipamentos para digitalização, como escâner, celular, câmera fotográfica digital e uma mesa digitalizadora. O mobiliário é dinâmico, com mesas redondas para facilitar os trabalhos em grupo, mas no fundo da sala tem um cantinho mais silencioso, separado por plantas, para quem precisar ficar mais isolado. O acervo vem sofrendo outra mudança importante, graças à doação de livros de literatura infanto-juvenil, revistas e gibis, feita pelos estudantes e pelos professores. Quando há verba para a aquisição de livros novos, os estudantes sempre são consultados para a composição das listas. O novo enfoque é de incentivo à leitura, de qualquer gênero e formato.

Mais uma vez, quero refletir sobre as aprendizagens na Graciliano Ramos enquanto professora. É motivador perceber e entender a dinâmica de cada classe, buscando não apenas respeitar as características dos grupos mas também aproveitá-las como inspiração para o planejamento das atividades. Isso só foi possível quando aprendi a romper com a pasteurização do processo educativo, entendendo, como disse antes, que a diversidade deve ser a matéria-prima do trabalho pedagógico. Essa é a brecha que as metodologias ativas de aprendizagem me deram ao me garantir um repertório de possibilidades de métodos e a compreensão de que posso e devo desenvolver projetos diferentes com cada turma, mesmo tendo que trabalhar os mesmos conteúdos curriculares. É essa perspectiva que me permite desenvolver um tipo de projeto em cada classe, sem renunciar ao meu objetivo e à minha obrigação de trabalhar as narrativas ficcionais e o humor em projetos sobre desperdício de alimentos, como é o caso dos sétimos anos neste bimestre.

Aliás, essa é a lógica que sustenta uma escola inclusiva, que reconhece e respeita as diferenças entre as pessoas, não vendo isso como um problema e sim como a riqueza da vida social. Tenho alunos diagnosticados com transtorno de déficit de atenção e hiperatividade e alunos com deficiência física grave, como a Joana, do 7º B, que tem visão subnormal e usa a tecnologia para lhe auxiliar. Ocorre que essas pessoas estão integradas aos grupos e contribuem nas atividades de acordo com suas habilidades e competências específicas. Como as aulas não são pasteurizadas, elas têm seu lugar nos projetos, e a energia dos hiperativos, por exemplo, é canalizada em aulas que valorizam sua atividade e liderança. Quero destacar que esses alunos com necessidades especiais e dificuldade de acompanhar alguns dos conteúdos são atendidos de forma individual no período da tarde, como comentei antes. Mas o mais importante é garantir que eles também se encontrem na sala de aula regular, interagindo, participando e certamente contribuindo com os colegas.

Os alunos do 7º B sugeriram a biblioteca porque estão interessados em projetos tradicionais, acadêmicos. Eles queriam um espaço com mais possibilidades de pesquisas, inclusive em livros e revistas. Na organização dos projetos, um grupo quer produzir uma cartilha de boa alimentação, outro quer criar um cardápio de restaurante no qual explicará a origem dos ingredientes reaproveitados e o terceiro vai fazer um livro de receitas com ingredientes em vias de descarte. Os outros dois grupos vão trabalhar nos conteúdos do site do projeto da escola com as informações sobre desperdício e reaproveitamento de matéria-prima. Dessas propostas, inicialmente me preocupei com a questão das narrativas ficcionais humorísticas, e eles também sentiram dificuldades com isso. Mas, à medida que fomos amadurecendo as ideias, fomos nos tranquilizando e encontrando caminhos originais. No geral, o humor aparecerá por meio de ilustrações e imagens divertidas, e o estilo dos textos seguirá o princípio ficcional em sua composição. Acho que vai dar certo!

— Vamos almoçar? — convidei a todos no encerramento da aula, às 12h30. E lá fui eu para o refeitório.

A rotina do período da tarde seguiu seu curso normal.

Na quinta-feira, seguiu-se a mesma dinâmica; e também na sexta-feira, até a hora do almoço. Aliás, estou pensando que não contei como é a minha carga de trabalho na escola.

Desde que a prefeitura reorganizou o sistema escolar e pedagógico, há cinco anos, a carreira docente também mudou. Relembrando o que eu disse antes, os professores passaram a ser alocados em unidades próximas às suas casas e a atuar na escola em período integral. Destaco que na reestruturação da carreira houve um bom aumento de salário, e eu diria que, no município, nós estamos ganhando o equivalente a outras carreiras profissionais que exigem ensino superior para o seu exercício, como engenheiros e médicos. Foi uma clara manifestação política de apoio à educação, discutida nas eleições municipais e sem precisar de recursos adicionais no orçamento, pois os 25% destinados à educação são suficientes.

A Graciliano possui cerca de 360 alunos do sexto ao nono ano, com três turmas de cada série, totalizando 12 turmas. O horário é o seguinte:

Bloco 1	das 7h10 às 8h50
Intervalo	das 8h50 às 9h10
Bloco 2	das 9h10 às 10h50
Bloco 3	das 10h50 às 12h30
Almoço	das 12h30 às 13h30
Atividades culturais, esportivas e de apoio	das 13h30 às 15h30

Assim, de segunda a sexta-feira, são 15 blocos de 100 minutos de aulas/atividades no período matutino. Cada professor assume 12 blocos; sobram ainda três blocos para reuniões de planejamento (por disciplina e por área de conhecimento) e atividades extras, como é o caso das assembleias de classe que ocorrem toda semana. Vale destacar que cada professor assume a condução da assembleia de classe de uma turma; eu sou a responsável pelas assembleias do 6º A, toda quinta-feira.

Bom, dependendo da disciplina e de sua carga didática no currículo, são necessários um, dois ou três docentes na escola. A organização curricular semanal e distribuição docente é a seguinte:

DISCIPLINA	CARGA HORÁRIA (BLOCOS)	NÚMERO DE TURMAS	NÚMERO DE BLOCOS	NÚMERO DE DOCENTES
Língua Portuguesa	3	12	36	3
Matemática	3	12	36	3
Ciências	2	12	24	2
Geografia	1	12	12	1
História	1	12	12	1
Língua Estrangeira	1	12	12	1
Artes	1	12	12	1
Educação Física	1	12	12	1

Ou seja, a equipe pedagógica da escola é composta por 13 professores, um coordenador, a bibliotecária, o diretor e seu vice. Uma escola pequena e uma equipe enxuta, com 17 pessoas, mais o pessoal de apoio administrativo e de manutenção. Isso contribui para o objetivo de termos uma gestão democrática, baseada no diálogo e no trabalho colaborativo. Essa realidade permite que tenhamos um ambiente bastante saudável para todos.

De sexta-feira, das 13h30 às 15h00, como já comentei, temos a reunião de planejamento semanal. Uma vez por mês, no entanto, reservamos uma hora dessa reunião para fazer a

Assembleia Docente. O objetivo dessa assembleia é promover o diálogo entre docentes, funcionários e direção, visando regular o convívio e as relações interpessoais. Nós nos sentamos em círculo e, mediante uma pauta preparada no decorrer da semana, na qual qualquer docente ou funcionário pode sugerir questões coletivas que afetem o convívio e as relações na escola, discutimos o tema e deliberamos certas regras. Por exemplo, já teve reclamação de colegas que não deixam o banheiro limpo ou que atrasam a saída da aula, prejudicando outros colegas e até mesmo o almoço. Na reunião, por meio do diálogo construtivo e democrático, vamos encontrando um clima positivo de convívio entre a equipe.

Aproveitando esse tema, gostaria de falar de outros tipos de assembleias que fazemos na Graciliano Ramos. No fim de cada semestre, realizamos o que chamamos de Fórum Escolar. Todo primeiro sábado de junho e de novembro, das 9 às 12 horas, convidamos professores, estudantes, funcionários, famílias, membros da comunidade, comerciantes, membros de conselhos como o tutelar, pessoal do posto de saúde, da polícia militar e da guarda municipal, as ONGs que atuam no bairro e líderes comunitários e religiosos para conversar sobre as relações da escola com a comunidade. O objetivo desse encontro, acompanhado de um café coletivo, é articular os diversos segmentos da comunidade, escolar e não escolar, que se disponham a atuar no desenvolvimento de ações mobilizadoras em torno das temáticas de ética, democracia e cidadania no convívio escolar.

O fórum é organizado pelos estudantes do Grêmio Estudantil, que cuida dos convites e da mobilização de todos. Junto com a direção da escola e uma equipe de professores, definem-se a pauta e a organização de cada encontro. No último, contamos com a presença de umas 200 pessoas.

É nesse fórum que surgem as propostas dos temas dos projetos que pautarão o semestre seguinte da escola. Foi no último encontro, por exemplo, que o senhor Arnaldo, comerciante do bairro e proprietário do terreno que fica no quarteirão da escola, ofereceu o espaço para que desenvolvêssemos o projeto relacionado com o ODS 12 da ONU. Como o diretor Paulo sempre reforça, esse é um dos objetivos dos fóruns escolares, abrir o diálogo com a comunidade mais ampla, envolvendo todo mundo no projeto político-pedagógico da Graciliano.

E, como também já mencionei, semanalmente fazemos as assembleias de classe. Em um dos blocos de aulas, promovemos o diálogo entre os estudantes para regular o convívio e as relações interpessoais. Com base numa cartolina na parede, onde os alunos vão anotando os temas que consideram positivos na classe e aqueles que os incomodam, durante as assembleias se discutem essas questões e, então, se propõem regras que, depois de votadas e aprovadas pela turma, são expostas em cartazes. Ou seja, os alunos vão aprendendo a regular os conflitos entre si de forma coletiva, em vez de pedir aos adultos que resolvam cada situação. É um aprendizado de democracia na prática, por meio do diálogo. É impressionante como, a partir desse espaço, o convívio e as situações de brigas e desentendimentos melhoraram na escola. E o mais importante: nós, professores, passamos a ter papel de mediadores desse processo, em vez de sermos os responsáveis exclusivos por manter a disciplina na turma. Nossa inspiração e referência para desenvolver os diversos tipos de assembleia é o livro *Autogestão na sala de aula*, do professor Ulisses Araújo.

Bom, acho que está na hora de resumir tudo que escrevi neste capítulo. Eu busquei descrever o dia a dia da EMEF Graciliano Ramos a partir da construção coletiva realizada nos quatro anos anteriores e aprofundada ao longo deste último. Faço parte desse processo desde que começou. O que posso sintetizar até o momento é que tudo que sempre sonhei e desejei numa escola, para promover uma educação de qualidade, que respeita e valoriza as diferenças e almeja sempre a excelência, a ética e o compromisso dos profissionais que nela atuam, estou vivenciando na Graciliano. Estou feliz de fazer parte dessa história e de ver que a minha utopia — e a de centenas de milhares de professores de todo o Brasil — é passível de ser alcançada. É um sonho possível, desde que os gestores e responsáveis pelas políticas educacionais compreendam a importância de colocar os professores e os estudantes no centro das decisões que impactam o processo educativo, sob uma direção eficiente, aberta ao diálogo com todos os atores envolvidos e preocupada com a qualidade de vida dos profissionais que atuam na escola. O que vejo é que, na Graciliano, estamos construindo um ambiente verdadeiramente democrático e crítico, baseado no diálogo e em valores éticos, e isso está reverberando em um clima escolar positivo e aprendizagens significativas. Estou certa de que as mudanças descritas — nos tempos, nos espaços e nas relações — estão impactando as pessoas e a comunidade da Graciliano, e isso nos motiva a reinventar a educação.

Nosso pensamento crítico não nos permite acreditar que a escola dos sonhos está pronta e que será alcançada sem conflitos, divergências e aprendizados. Mas, como dizia Guimarães Rosa, "a gente cresce sempre, sem saber para onde". Mesmo sem saber para onde, nosso sonho na Graciliano está em construção, sempre. Espero que inspire muitos educadores a lutar por seus sonhos educacionais.

COMPREENDENDO OS SONHOS E OS DESEJOS DOS DOCENTES

> You may say I'm a dreamer
> But I'm not the only one
> I hope someday you'll join us
> And the world will be as one*
>
> **John Lennon**

HOJE É A TERCEIRA sexta-feira do mês. Acabei de almoçar e estou na correria para voltar para casa. Às 14 horas, tenho a reunião mensal on-line do Núcleo de Pesquisas em Novas Arquiteturas Pedagógicas da Universidade de São Paulo (NAP/USP) e não posso me atrasar. Tenho autorização da direção da EMEF Graciliano Ramos para me ausentar da reunião pedagógica uma sexta-feira ao mês para essa atividade.

Essa é uma daquelas histórias inusitadas da minha vida, que me enchem de felicidade e orgulho. Foi cerca de dois anos atrás que recebi em meu *e-mail* um convite para responder a

---

* "Você pode dizer que sou um sonhador/ Mas eu não sou o único/ Talvez um dia você se junte a nós/ E o mundo será como um só" (Trecho da música "Imagine".)

duas pesquisas, com seus respectivos *links*. Achei interessantes as temáticas, que falavam sobre educação e futuro, e sobre projetos de vida dos professores, e decidi responder. A participação era anônima, mas havia um *e-mail* de contato (do NAP/USP), caso tivéssemos dúvidas. Depois de responder às pesquisas, resolvi escrever para saber mais sobre elas e fui convidada a participar das reuniões que seriam feitas *on-line* para discutir os dados. Eles queriam a presença de alguns professores de escolas públicas na equipe, para aproximar a análise da realidade das salas de aula.

Sabe aquele sonho antigo da pós-graduação que descrevi antes, presente em meu projeto de vida? Pois é, ele estava latente, e eu me entusiasmei com a possibilidade. Mesmo que o mestrado na USP não fosse viável para mim por inúmeras razões, seria uma oportunidade de ingressar e aprender mais sobre pesquisas em educação. Entender como se organiza um projeto e como se analisam dados.

Não há dúvidas de que essa experiência, na qual estou envolvida há dois anos, teve um papel essencial na minha entrada no mestrado agora. Lembro que em uma das primeiras reuniões desse grupo esteve presente o professor Nílson José Machado, da Faculdade de Educação da USP, e ele disse algo que me marcou muito. Foi uma frase mais ou menos assim: *os sonhos e as ilusões são a antessala dos projetos*. Acho essa ideia semelhante àquela de Shakespeare que eu sempre menciono: "Somos feitos da mesma matéria que os sonhos". Fiquei muito entusiasmada!

Ao refletir sobre meus sonhos e desejos da adolescência, percebi que, mesmo com as incertezas da vida, que muitas vezes nos levam a caminhos inusitados, se contarmos com uma bússola de referência, acabamos por encontrar possibilidades que nos ajudam a concretizá-los.

Logo na primeira reunião de que participei, foi explicitada a temática geral do programa de pesquisas *O professor da escola pública brasileira: seus sonhos, desejos e projetos de vida*. O programa é composto por duas grandes pesquisas complementares: "A escola pública dos sonhos para os educadores brasileiros" e "O professor da escola pública brasileira: seus desejos e projetos de vida". Descobri que eu fui uma dos 5.790 professores de educação básica de escolas públicas de todo o Brasil que responderam a essas pesquisas.

No início da reunião, o professor Ulisses Araújo, um dos coordenadores do programa, explicou que este tinha financiamento do Instituto iungo e disse:

"Escutar o que pensam, sentem e desejam aqueles que estão no dia a dia nas salas de aula, convivendo com a realidade distópica deste país tão desigual e tão rico culturalmente, é a matéria-prima dos dados de nossas pesquisas. São esses profissionais que a cada dia encaram a árdua e complexa tarefa de formar e instruir as novas gerações nas escolas de educação básica, promovendo e discutindo os fenômenos sociais, naturais e culturais que sustentam a vida no planeta.

"Nosso objetivo é trazer para o debate sobre o desenvolvimento profissional docente e para as políticas públicas educativas os desejos, os sonhos, as necessidades e os projetos de vida daqueles que cuidam da educação de cerca de 80% das crianças e adolescentes brasileiros: os professores de escolas públicas de todo o país. Nossa perspectiva com essas pesquisas é de que nenhuma política pública será eficiente e efetivamente implementada se não apoiar os docentes na construção de seus projetos de vida, levando em consideração seus desejos, sonhos e necessidades. Entendemos que os responsáveis pela formulação de políticas públicas educacionais relegam a voz desses atores e atrizes sociais que estão diariamente nas salas de aula. São eles que conhecem o que pensam, sentem e aprendem cada uma das crianças e jovens que são obrigados a frequentar uma escola por longos anos de suas vidas, e interagem com suas fraquezas, dificuldades, fragilidades, paixões, interesses, curiosidades e capacidades."

Na sequência, a professora Valéria Arantes, coordenadora da pesquisa "O professor da escola pública brasileira: seus desejos e projetos de vida", ressaltou "quão importante é, para a qualidade da educação, o sentido que o professor atribui ao seu trabalho". Referindo-se ao autor austríaco Viktor Frankl, para quem a busca de sentido na vida é a principal força motivadora do ser humano, justificou a relevância da pesquisa para identificarmos elementos que possam contribuir para o desenvolvimento de profissionais éticos e comprometidos com uma educação de qualidade para todos e cada um de seus estudantes. Ela complementou que "tal desenvolvimento pressupõe, necessariamente, que os docentes tenham vivências e experiências de autoconhecimento e reflexões sobre seus próprios valores e projetos de vida para que possam, assim, construir e reconstruir continuamente o verdadeiro sentido da profissão docente no amplo cenário de suas vidas".

Ela trouxe, então, a resposta de uma professora de pseudônimo Voni, que dava uma noção interessante do que encontraríamos nas respostas daqueles milhares de professores:

> *Meu desejo é que esse momento difícil que toda a humanidade está enfrentando passe e que, a partir daí, possamos sonhar em construir coletivamente uma escola verdadeiramente inclusiva, acolhedora e promotora de oportunidades. Aos 44 anos de idade e com mais de 25 de carreira, pretendo encerrar os últimos anos da docência revolucionando o ensino público em minha escola. Há muitos sonhos ainda a serem realizados e há muitas conquistas a serem concretizadas. A educação, assim como o mundo, não para nunca!*

Eu me identifiquei muito com essa fala e comentei com o grupo que ela refletia meus pensamentos, sonhos e desejos. Outras pessoas também comentaram, reafirmando a força dessa resposta dada à pergunta: "Se você tivesse poderes para reinventar as práticas escolares e suas aulas, pensando nas demandas da sociedade atual, numa educação de qualidade e na escola ideal, como seriam as suas aulas e a escola? Queremos conhecer a sua utopia para a educação".

A resposta de Voni mostrava seu compromisso e engajamento com a educação. Mostrava o sonho de uma escola diferente nas formas de organização, e também nas relações dentro da escola e desta com a comunidade e com a sociedade. Eu amei isso.

Depois da reunião, fomos organizados em grupos para analisar as respostas, e designou-se um líder em cada grupo para apoiar as pessoas menos experientes (como eu). A equipe de pesquisa, coordenada pelos professores Ulisses Araújo e Valéria Arantes, da USP, era grande, e nem essa pesquisa nem este livro teriam sido possíveis sem o apoio do Instituto iungo e o trabalho incansável de todos eles: a professora Viviane Pinheiro, da USP, e também os investigadores com quem trabalhei arduamente na leitura e na análise das respostas dos professores: Andreia Magliano, Beattriz Guedes, Bianca Denadai, Cristina Satie, Douglas Pereira, Lauren Fabrin, Patrick Duarte, Rafaela Bolsarin e Ricardo Pataro. Aprendi muito com esses pesquisadores, que são doutores e estudantes de mestrado e doutorado. Muito obrigada, pessoal!

Ao final, depois de explicações gerais sobre a pesquisa, recebi acesso ao Drive com as respostas, e me deram algumas para que eu fizesse uma análise inicial (um teste para mim, claro!).

Como comentei antes explicando a lógica da coleta de dados, para fazer esses estudos os pesquisadores do NAP/USP e do Instituto iungo enviaram *links* por *e-mail*, e também por mensagens e anúncios nas redes sociais, convidando educadores de todo o país a responder às pesquisas. No caso da investigação "A escola pública dos sonhos para os educadores brasileiros", 2.730 professores aceitaram e responderam ao questionário *on-line* com perguntas abertas, de forma voluntária e anônima. O objetivo final da amostra, como me explicaram, era ter uma distribuição que seguisse a proporcionalidade da distribuição geográfica dos docentes do Brasil, de acordo com o *Censo Escolar da Educação Básica*. No fim, como houve menos respostas da região Nordeste e muitas da região Sudeste, foi preciso fazer um recorte aleatório na amostra final para seguir a proporcionalidade. Por isso, foram consideradas as respostas de 1.500 docentes de escolas públicas da educação básica, distribuídos conforme a tabela na página seguinte.

TABELA 1 • Quantidade de professores considerados na pesquisa "A escola pública dos sonhos para os educadores brasileiros"

REGIÃO	PERCENTUAL	QUANTIDADE
Norte	9%	135
Nordeste	28%	420
Centro-oeste	8%	120
Sudeste	40%	600
Sul	15%	225
Totais	100%	1.500

No caso da pesquisa "O professor da escola pública brasileira: seus desejos e projetos de vida", seguiram-se a mesma lógica e procedimentos. Esse questionário foi respondido completo por 3.060 professores. A partir desses, seguindo também a distribuição geográfica dos docentes do Brasil e a necessidade de ajustes devido ao número de participantes de cada região, foi construída uma amostra final com 2 mil docentes de escolas públicas da educação básica, assim distribuídos:

TABELA 2 • Quantidade de professores considerados na pesquisa "O professor da escola pública brasileira: seus desejos e projetos de vida"

REGIÃO	PERCENTUAL	QUANTIDADE
Norte	9%	180
Nordeste	28%	560
Centro-oeste	8%	160
Sudeste	40%	800
Sul	15%	300
Totais	100%	2.000

Participando das reuniões do NAP, uma das primeiras aprendizagens que tive foi sobre a metodologia de coleta de dados da pesquisa. O projeto previa o uso de questões abertas em vez de perguntas de múltipla escolha, porque as questões fechadas acabam por induzir o pensamento do entrevistado a determinada linha de raciocínio previamente definida pelos investigadores ao elaborar as alternativas. Empregando questões abertas, que as pessoas respondem livremente e sem limite de espaço, tem-se a intenção de captar de forma mais fidedigna os pensamentos e os desejos espontâneos dos docentes sobre os temas que estão sendo investigados.

Conforme aprendi, nesse tipo de estudo o princípio central do processo de análise é não utilizar categorias predefinidas para compreender os dados. Ou seja, não existem hipóteses prévias que guiem o que se quer encontrar nos resultados. O objetivo é construir categorias de interpretação sobre o que pensam os professores a partir de suas respostas, e não com base no que os investigadores querem identificar. Daí as perguntas abertas, e não fechadas. É claro que com isso se tem bem mais trabalho para analisar as respostas, que são muito amplas e complexas. Mas os resultados são mais ricos e fidedignos.

No processo, nós, avaliadores, fazíamos de forma independente várias leituras completas das respostas e, a partir do que os professores escreveram, buscávamos identificar as ideias centrais presentes no texto, sintetizando-as em palavras ou frases curtas. Sob a coordenação dos pesquisadores principais do programa, da Universidade de São Paulo, o passo seguinte era reunir as diversas ideias que surgiram e organizá-las segundo temas e princípios centrais. Isso é a base do que se chama de "livro de códigos", que sintetiza, portanto, cada uma das ideias expressas nas respostas abertas dos professores, classificando-as, então, em categorias de análise e domínios temáticos. Essas ideias são as unidades de análise de cada pesquisa. Parece difícil, não? Mas fica simples depois que se entra no processo.

Fui uma das pesquisadoras que trabalhou na codificação dos dados e, para ajudar a entender melhor como isso era feito, darei um exemplo desse processo no caso da pergunta: "Se você tivesse poderes para reinventar as práticas escolares e suas aulas, pensando nas demandas da sociedade atual, numa educação de qualidade e na escola ideal, como seriam as suas aulas e a escola? Queremos conhecer a sua utopia para a educação".

A   A professora de pseudônimo FAMIVI, de Minas Gerais, escreveu:

Para reinventar as práticas escolares e minha aula, eu começaria com a parte física das salas: mais amplas, com acesso à internet. Haveria mais espaços para os alunos trabalharem em grupo. Telas, obras de arte, mapas, estantes com livros nesse espaço. Com esse ambiente físico, eu poderia propor aulas mais dinâmicas. Os alunos trabalhariam mais em duplas ou em grupos. Pesquisariam através de sites, livros. Outra coisa que acho bacana é desenvolver parcerias com outros colegas. Dependendo do tema, poderiam trabalhar, no mesmo espaço, dois professores. O aluno seria menos passivo.

B Como é esperado em perguntas abertas, essa resposta contém mais de uma ideia, pois a professora fala de espaços físicos, trabalho em grupo, metodologias etc., e isso irá gerar mais de um código de análise. Uma avaliação inicial mostrou que em 90% das respostas os professores apresentaram de uma a seis ideias sobre como seria a escola ideal. Com base nisso, os pesquisadores principais, da USP, decidiram que, para efeito de totalização dos dados, seriam considerados até seis códigos em cada resposta dada. Extrapolado esse limite em uma resposta, as demais ideias não seriam consideradas, para não aumentar o desequilíbrio entre os docentes que deram respostas longas e aqueles que deram respostas mais curtas.

C Explicando o processo, uma das ideias apontadas por FAMI-VI foi que "haveria mais espaços para os alunos trabalharem em grupo. Telas, obras de arte, mapas, estantes com livros nesse espaço. Com esse ambiente físico, poderia propor aulas mais dinâmicas. Os alunos trabalhariam mais em duplas ou em grupos. Pesquisariam através de sites, livros [...]". Essa parte do texto me levou a propor a criação de dois códigos específicos para o livro de códigos, representados nas frases: aulas e práticas escolares "Dinâmicas, interativas e motivadoras" e "Ativas e/ou práticas com participação do aluno". Quando foram validados pelos coordenadores e demais colegas avaliadores (porque outros professores deram ideias semelhantes), esses códigos passaram a compor em definitivo o livro de códigos, recebendo as numerações 261 e 268, respectivamente.

D   Essas ideias, codificadas, se encaixavam em uma mesma categoria de ideias sobre como seria a escola dos sonhos, versando sobre "Aulas e práticas escolares". Dentro dessa categoria, foram encaixados outros tipos de respostas, como mostrarei mais adiante.

E   No entanto, a resposta complexa dada por FAMIVI continha outras ideias, que receberam codificações dentro de categorias distintas. Uma categoria bastante mencionada na pesquisa foi a de "Infraestrutura da sala de aula", contendo respostas com desejos de que as salas tivessem melhores recursos pedagógicos (por exemplo, livros e jogos), financeiros (código 241); equipamentos e mobiliário (242). Mencionou-se também a necessidade de mais recursos tecnológicos e digitais (253), enquadrada na categoria "Tecnologia". Por fim, FAMIVI mencionou a importância de relações focadas na colaboração e na cooperação (346), categorizada como "Relações na escola".

F   Esses diferentes códigos e categorias, que versam sobre aulas e práticas escolares, infraestrutura da sala de aula e tecnologias diferentes, compõem o que é denominado "domínio temático", que nesse caso recebeu o título de "Formas de organização da escola e métodos de ensino e aprendizagem". Vejam, a seguir, a listagem de todos os códigos que configuram esse domínio temático.

DOMÍNIO TEMÁTICO: FORMAS DE ORGANIZAÇÃO DA ESCOLA E MÉTODOS DE ENSINO E APRENDIZAGEM

2.1. Formas de funcionamento da sala de aula

211. Melhor organização e funcionamento das aulas

212. Melhor organização dos espaços

213. Número de alunos na sala de aula

2.2. Formas de funcionamento da escola

221. Melhor organização e funcionamento da escola

222. Melhor organização dos espaços da escola

223. Escola integral

2.3. Infraestrutura da escola

231. Recursos pedagógicos (ex.: biblioteca, livros, jogos), financeiros

232. Equipamentos e mobiliário

233. Espaços diferenciados

234. Profissionais de apoio diversificados (psicólogos, fonoaudiólogos, agentes de saúde, auxiliares)

235. Limpeza, higiene

236. Laboratórios, anfiteatros

2.4. Infraestrutura da sala de aula

241. Recursos pedagógicos (ex.: livros, jogos), financeiros

242. Equipamentos e mobiliário

243. Espaços diferenciados

244. Limpeza, higiene

2.5. Tecnologia

251. *Software* (programas de computador)

252. *Hardware* (computador, celular, laboratório de informática etc.)

253. Recursos tecnológicos e digitais em geral

2.6. Aulas e práticas escolares
261. Dinâmicas, interativas e motivadoras
262. Criativas
263. Prazerosas e lúdicas
264. Focando a aprendizagem do estudante
265. Externas à escola/campo
266. Dialógicas e/ou focando pensamento crítico
267. Inovadoras
268. Ativas e/ou práticas com participação do aluno
269. Aulas e pedagogias individualizadas/personalizadas de acordo com os interesses de cada aluno
2.7. Metodologias
271. Ativas (ABP, *maker*, projetos etc.)
272. Tradicionais
2.8. Avaliação
281. Avaliação processual
282. Avaliações diversificada e/ou individualizada

Destaco que no processo de análise dos dados foram identificados outros dois domínios temáticos ("Relações na e da escola" e "Conteúdos e mudanças curriculares"), os quais não vou esmiuçar neste exemplo.

Em resumo, na leitura das respostas espontâneas de todos os professores, foram identificados três grandes domínios temáticos sintetizando seus desejos, sonhos e necessidades em relação à escola pública brasileira: "Formas de organização da escola e métodos de ensino e aprendizagem"; "Relações na e da escola"; "Conteúdos e mudanças curriculares".

Realmente complexo, não? Mas espero ter conseguido explicar melhor o funcionamento do processo de análise adotado nesta pesquisa com questões abertas. Vale destacar que a construção coletiva desse livro de códigos levou seis meses. Foi somente com o livro de códigos definitivo em mãos que iniciamos a tabulação efetiva dos dados.

A partir de então, tendo o livro de códigos como referência, cada resposta foi lida de forma independente por dois pesquisadores, que atribuíram códigos a cada desejo, sonho, necessidade ou elemento de projeto de vida apontado. Em casos de não concordância entre as duas codificações feitas, o líder da equipe solicitava a um terceiro pesquisador que harmonizasse a análise, definindo os códigos finais. Um dos objetivos desse modelo de análise de dados é permitir que, a partir da codificação feita, as respostas abertas possam ser transformadas em números e quantificadas. Dessa maneira, exemplificando, pudemos identificar que os 1.500 docentes participantes da pesquisa "A escola pública dos sonhos..." expressaram 5.557 ideias. Melhor dizendo, apresentaram em suas respostas 5.557 sonhos, desejos e necessidades em relação à escola publica. Desses 1.500 docentes, 1.289 deles (89%) apresentaram em sua resposta alguma ideia sobre a forma de organização da escola e das metodologias de ensino e aprendizagem. Esta é uma das regularidades buscadas, que ajudam a entender como os professores pensam que deveria ser a escola ideal e serão descritas em detalhes mais adiante.

Conhecendo e interpretando o que pensam, desejam e sonham os professores

Nas próximas páginas, trarei os resultados da pesquisa "A escola pública dos sonhos para os educadores brasileiros" e, na sequência, os da pesquisa "O professor da escola pública brasileira: seus desejos e projetos de vida".

A escola pública dos sonhos para os educadores brasileiros

No caso da primeira pesquisa, vou mostrar gráficos e discutir as respostas dadas pelos professores como forma de esmiuçar os domínios temáticos que configuram seus sonhos e desejos sobre a escola ideal. É uma leitura cansativa, visto que são dados de pesquisa, mas vale a pena, porque é inspirador. Coragem, pessoal, para entender melhor a realidade da pesquisa e dos pensamentos dos docentes!

Primeiramente, é importante explicar que a base para a construção desses gráficos é o número de docentes que expressaram ideias sobre determinada categoria e domínio temático. No tipo de respostas que obtivemos nessa pesquisa, uma resposta complexa pode ter se encaixado em mais de um domínio, mas nos gráficos o professor foi contabilizado apenas uma vez. Assim, efetivamente, os docentes (e suas respostas) contabilizados nos gráficos são aqueles que indicaram ao menos uma ideia sobre o domínio em análise. No entanto, docentes que sugeriram várias ideias dentro de um mesmo domínio temático foram contabilizados apenas uma vez como tendo expressado desejos e sonhos referentes ao domínio específico. A título de exemplo, cito o caso da FAMIVI, cuja resposta recebeu os códigos 241, 242, 253, 261 e 268 do livro de códigos, todos referentes ao domínio temático "Formas de organização da escola e métodos de ensino e aprendizagem". Porém, na hora de tabular os dados, ela foi contabilizada uma única vez como docente enquadrada nesse domínio temático, por tê-lo considerado em suas respostas abertas.

Bom, a primeira conclusão da pesquisa, que de certa forma é até surpreendente, é que para os professores das escolas públicas brasileiras a escola ideal, dos sonhos, não é a atual. Ninguém esperava ver essa perspectiva surgir de forma tão evidenciada nos dados, e isso é relevante.

Eu diria que este primeiro resultado geral é o mais significativo que encontramos nessa pesquisa. Apenas 3% (44) dos professores expressaram o desejo de que a escola ideal fosse semelhante à escola atual. Todos os demais professores expressaram o desejo e o sonho de uma escola diferente. Assim é que 97% (1.456) dos professores manifestaram o desejo de mudanças na escola e nas salas de aulas, com um novo currículo, metodologias ativas, melhor infraestrutura e relações mais democráticas nas diferentes esferas.

FIGURA 1 • Características da escola dos sonhos

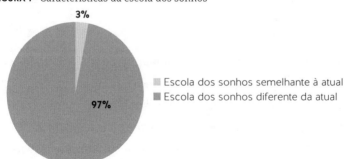

Selecionei alguns excertos das respostas para exemplificar a narrativa dos professores sobre este tema. Primeiro, duas respostas de docentes que pensam que está tudo bem com a educação.

No fundo, parecem demonstrar uma nostalgia da escola dos séculos 19 e 20, que era autoritária e excludente. Atendia a uma minoria de alunos interessados, oriundos de famílias que valorizam a educação, e legitimava a exclusão dos diferentes, como aqueles com dificuldades, deficientes ou mesmo hiperativos. Sob essa perspectiva, a escola não tem que ser para todos, como explicam José Manuel Esteve e Ulisses Araújo, entre outros. Na sequência, dou exemplos de respostas de sonhos e desejos de uma escola diferente e inovadora.

A ESCOLA SERIA SEMELHANTE À ATUAL
Não reinventaria absolutamente nada. Já reinventaram muito e o resultado é o que está diante de nós: alunos que aprendem cada vez menos, cada vez mais deselegantes e deseducados, cada vez mais com um universo de direitos e nenhum dever. Entreguem-me alunos que valorizem a educação como forma de crescimento pessoal e social e, debaixo de uma árvore, sem sequer giz ou lousa, conseguirei fazê-los aprender.

Gosto de como está.

A ESCOLA SERIA DIFERENTE E INOVADORA
A sala de aula não seria como é hoje em dia. Os alunos seriam ouvidos em suas demandas e compartilharíamos as informações obtidas através não só da leitura dos livros, mas também da leitura do mundo e da sua cultura. Não ficaríamos restritos ao espaço da sala de aula. Percorreríamos os espaços da escola, conversando sobre os assuntos atinentes ao currículo e articulando-os à prática do cotidiano, dando assim aos alunos a oportunidade de realmente compreender o porquê e o para quê de aprender alguma coisa.

Aprender para viver melhor com o ambiente, com a sociedade, consigo e com seus pares.

Acredito que não seja uma utopia, acredito que seja possível. Mas eu diria que se trata de uma educação com maior foco no aluno e abandonando o modelo escolástico ultrapassado em que nos prendemos até hoje (professor ativo e alunos passivos). A ideia é cobrar a iniciativa do aluno, para que ele estude os assuntos que são de seu interesse e que o professor atue como um orientador, ajudando a resolver dúvidas e direcionando o estudo, indicando como estudar, onde procurar material. Além disso, que as matérias conversem mais uma com a outra. Por exemplo, podemos ver muito de história na literatura e vice-versa. Promover a interdisciplinaridade é algo que ajudaria o aluno a criar conexões que seriam úteis em diversos outros momentos.

Minha escola ideal não teria salas fechadas, a criança trabalharia em assuntos reais, não aquelas atividades que estão no livro didático, afastadas da realidade do meu aluno. Outra coisa, teria computador e plano de dados para todas as crianças, porque a tecnologia é o futuro da escola.

Assim, fica claro que há sonhos e desejos de que a escola seja diferente; que existe um incômodo, ou uma perspectiva predominante de que há várias coisas que podem ser feitas para que a escola se torne um espaço físico, institucional e pedagógico que propicie melhores condições de trabalho e aprendizagem.

Foi no intuito de entender essa perspectiva que os pesquisadores responsáveis buscaram conhecer melhor e interpretar os seus sentidos, esmiuçando os dados à procura das ideias que os sustentam.

Em primeiro lugar, analisando as respostas dos 1.456 professores (97%) que expressaram desejos de mudança, identificamos, como já anunciado, três domínios temáticos, cujos dados apresento a seguir:

FIGURA 2 • Domínios temáticos dos desejos, sonhos e necessidades

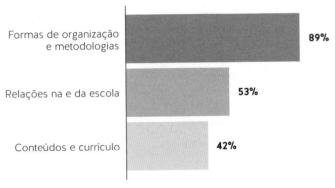

Esses dados demonstram que a escola dos sonhos e desejos dos professores seria diferente quanto às formas de organização e aos métodos de ensino e aprendizagem. Esse domínio foi concebido por 89% deles (1.289 docentes). O segundo domínio mais mencionado nas respostas foi de que a escola dos sonhos seria baseada em outro tipo de relações, tanto dentro da escola como desta com a comunidade e a sociedade — 53% dos professores (772) fizeram menção a ideias dessa natureza. Por fim, 42% dos docentes (618) indicaram o desejo, ou a necessidade, de um novo currículo ou de novos conteúdos curriculares.

Partindo desses dados, a equipe de pesquisadores buscou identificar nas respostas as categorias que configuravam cada domínio, com o objetivo de entender as nuances das ideias subjacentes aos desejos e sonhos da escola ideal. A conclusão inicial do estudo, analisando as formas de organização e os métodos de ensino e aprendizagem, foi de que:

A escola ideal seria ativa, com melhor infraestrutura e tecnologia

As mudanças na educação, desejadas pela quase totalidade dos docentes entrevistados, se refletem em distintas formas de se compreender como seria a escola dos sonhos. Chamou a atenção que, dos 1.456 docentes que sonham com uma escola diferente da atual, 89% (1.289) expressaram o desejo de que a escola ideal tivesse novas formas de organização dos espaços, da infraestrutura e, também, de métodos de ensino e aprendizagem. De maneira geral, desejavam metodologias ativas, com aulas dinâmicas, interativas, dialógicas e prazerosas. A tecnologia estaria permeando não apenas a infraestrutura das salas de aula e dos espaços escolares como também algumas das metodologias de aula.

FIGURA 3 • Formas de organização da escola e métodos de ensino e aprendizagem

Vejamos alguns exemplos de como os professores expressaram seus sonhos e desejos sobre a organização da escola e suas metodologias de ensino e aprendizagem:

As aulas seriam pautadas por metodologias ativas, interativas e inovadoras

Minhas aulas seriam bem diversificadas, com metodologias ativas que levassem os estudantes ao mundo do conhecimento de forma prazerosa. Teríamos espaço para circular e realizar as atividades de forma bem livre, e eles seriam estudantes criativos [...].

Minha utopia de educação incluiria uma escola desejada [...], onde os alunos fossem motivados para a construção de seus conhecimentos. Estes seriam protagonistas de seu aprendizado e o docente, um mediador ou facilitador desse processo. As aulas incluiriam metodologias ativas e seriam realizadas em espaços externos da escola. Seriam aulas investigativas e interdisciplinares através de um currículo diferenciado que, mesmo contemplando o que nos trazem os documentos oficiais como a BNCC, propiciasse tal ensino.

Como comentei antes, na minha juventude tive experiências que me mostraram como alguns professores entendem já há muito tempo a importância de aulas dinâmicas, nas quais os estudantes ocupam o centro do processo de aprendizagem, e essa concepção teve papel importante em minha formação e prática na sala de aula. Hoje, entendemos que existe uma denominação geral para esse tipo de processo educativo, que são as metodologias ativas de aprendizagem, definidas por Ulisses Araújo, Valéria Arantes e Viviane Pinheiro como um modelo em que os estudantes assumem um papel ativo central na aprendizagem e na busca de conhecimentos. Nessa concepção, o conhecimento não é dado pronto ao aluno pelo professor, pelos livros ou pela internet, para ser descoberto, decorado ou interpretado. Compreendendo que o mundo, a natureza e a realidade são fruto de uma construção eterna em que os seres humanos têm um papel essencial pelas suas ações na natureza, na cultura e na ciência, os estudantes tornam-se coconstrutores dos conhecimentos. Por meio de suas ações e iniciativas, podem ressignificar o mundo e construir novas realidades.

Identificar que nessa pesquisa cerca de 40% dos professores responderam espontaneamente que sonham com uma escola que funcione com base nesses princípios é um excelente sinal de que nós, professores, estamos começando a compreender as mudanças na profissão docente, abandonando visões de que o papel da escola é transmitir conhecimento e cobrá-lo dos alunos por meio de avaliações que demandam apenas que eles decorem textos e respostas ou apresentem reflexões feitas previamente por outros. Buscar formas diferentes e inovadoras de organizar as aulas, com a participação ativa dos alunos em formatos que privilegiam a investigação interdisciplinar, é um caminho que parece estar conquistando o coração e a mente dos professores.

Todavia, esse princípio parece estar bastante atrelado a mudanças na infraestrutura da escola, como apontaram 38% dos docentes. Vejam alguns exemplos de respostas:

Haveria melhor infraestrutura e funcionamento da escola e da sala de aula
Para reinventar as práticas escolares e minha aula, eu começaria com a parte física das salas: mais amplas, com acesso à internet.

Haveria mais espaços para os alunos trabalharem em grupo. Telas, obras de arte, mapas, estantes com livros nesse espaço. Com esse ambiente físico, eu poderia propor aulas mais dinâmicas. Os alunos trabalhariam mais em dupla ou grupos. Pesquisariam através de sites, livros. Outra coisa que acho bacana é desenvolver parcerias com outros colegas. Dependendo do tema, poderiam trabalhar, no mesmo espaço, dois professores. O aluno seria menos passivo.

A escola teria ateliês e espaços abertos para experiências em grupos maiores e menores.

Escolas com infraestrutura adequada para atender a todas as demandas da diversidade de público, numa perspectiva inclusiva. Salas de aula com espaço maker, dotadas de tecnologias, processos formativos para professores de acordo com as demandas atuais, voltados para as metodologias ativas.

O que essas ideias nos mostraram é que há uma relação intrínseca entre os desejos de aulas ativas e os sonhos de que as escolas tenham espaços mais flexíveis e aptos para suportar as inovações pedagógicas.

Quando analisamos esses dados, discutiu-se no grupo de pesquisas a história das construções físicas das escolas, passando por concepções como as do livro *Vigiar e punir*, de Michel Foucault, da obra *A terceira revolução educacional*, de José Manuel Esteve, do livro *A invenção da sala de aula — Uma genealogia das formas de ensinar*, de Inés Dussel e Marcelo Caruso, e da introdução do livro *Temas transversais, pedagogia de projetos e mudanças na educação*, do coordenador das pesquisas, Ulisses Araújo. Nesses estudos, vimos como as salas de aulas tradicionais e a organização física das escolas, como as que vemos até hoje em 99% das instituições, têm a sua concepção vinculada a modelos que visam ao controle de corpos e à eficiência na transmissão de conhecimentos, necessidades surgidas a partir do século 18 com os processos de industrialização e urbanização e o Iluminismo europeu. Assim, as salas de aula foram concebidas dentro de quatro paredes, com o espaço principal reservado ao professor e os alunos enfileirados olhando-o de frente. Esse modelo arquitetônico possibilita que o comportamento dos estudantes seja mais controlado pelo olhar atento do docente e, ao mesmo tempo, organiza a aprendizagem transmitida pelo professor, com os ouvidos e olhares dos alunos voltados para uma lousa e para o próprio docente.

Penso que hoje começamos a perceber os limites desse modelo educativo, e os professores de educação básica sabem que é necessário criar espaços e arquiteturas que deem suporte às metodologias ativas e aos diferentes papéis de docentes e estudantes na escola.

Em toda essa concepção, claro, é fundamental a integração de tecnologias e *softwares* no processo pedagógico, facilitando o emprego de múltiplas linguagens nos projetos educativos, dentro e fora da sala de aula.

Foi o que apontaram 22% dos docentes participantes da pesquisa, como podemos ver abaixo nos exemplos dessa categoria:

AS TECNOLOGIAS E *SOFTWARES* EDUCACIONAIS FARIAM PARTE
DO PROCESSO PEDAGÓGICO
Aulas com recursos tecnológicos, acesso à internet para todos da unidade escolar, tablet *educacional, lousa digital. Aulas interativas,*

com ampla participação dos presentes e dos ausentes, através do ensino híbrido. Aulas com viagens a museus, pontos turísticos, lugares e conteúdos históricos.

As aulas seriam integradas ao mundo atual, ou seja, utilizando tecnologias audiovisuais, computadores, softwares, *jogos eletrônicos etc.*

Se antes da pandemia de covid-19 a incorporação de tecnologias educacionais vinha se mostrando premente e necessária, neste momento ela se mostra essencial. Os professores começam a entender que o papel delas não é substitui-los, e passam a vê-las não como fonte de estresse, e sim como ferramentas importantes para a melhoria da qualidade educativa.

Sabemos que não é qualquer tecnologia ou qualquer *software* que promove qualidade na educação. Pelo contrário, tem muita coisa por aí que é criada como fetiche para famílias e educadores, prometendo mais aprendizado, mas que, no fundo, oferece mais do mesmo. Ou seja, funciona para transmitir e armazenar conhecimentos prontos, que os alunos devem apenas memorizar.

O que fica implícito nos exemplos acima é a percepção de que a tecnologia precisa estar amarrada às necessidades de um projeto pedagógico mais amplo, com espaços e tempos diversificados que facilitem a comunicação e a interação entre as pessoas e os diferentes tipos de conhecimento. É assim que a internet e as tecnologias digitais móveis, por vezes gamificadas, possibilitam que aulas em museus, sítios históricos e mundos virtuais sejam mais ricas, prazerosas e participativas.

As tecnologias interativas propiciam, ao mesmo tempo, o rompimento com um tipo de linguagem exclusiva da escola tradicional, que privilegia o desenvolvimento cognitivo e racional. É preciso abrir espaço para elementos afetivos no cotidiano escolar, aproveitando a possibilidade de incorporá-los por meio de *softwares* e ferramentas que empregam linguagens digitais audiovisuais, artísticas, pictóricas, sensoriais, entre outras. Isso possibilita que os sentimentos e os desejos das pessoas sejam expressos de múltiplas maneiras nos projetos e investigações desenvolvidos na escola, dando um significado diferente aos conhecimentos produzidos.

Tudo isso, claro, mexe com a avaliação escolar. Embora esse elemento tenha sido mencionado nas respostas espontâneas de apenas 1% dos professores, é significativo que esteja presente.

Haveria mudanças nas formas de avaliação

Penso que seria interessante adotar um sistema no qual o aluno é avaliado por meio de diversas tarefas (que avaliam diferentes capacidades e formas de demonstrar o aprendizado) ao longo do bimestre/semestre.

Assim, existe a percepção, ainda que incipiente (identificada em 13 professores), de que mudar as formas de organização da escola e os processos de aprendizagem pressupõe transformar a avaliação sobre os conhecimentos produzidos. Como se sabe, um trabalho com projetos, ou de aprendizagem baseada em problemas, por exemplo, não combina com provas. Metodologias ativas demandam que a avaliação de conhecimentos seja feita de forma mais profunda, processual, de acordo com o desenvolvimento dos objetivos planejados.

Em síntese, fechando a análise dos dados subjacentes ao primeiro domínio temático da pesquisa, mencionado por 89% dos professores, entendemos que é preciso investir mais em processos de conscientização sobre o papel da avaliação na concretização da escola dos sonhos, diferente da atual. A avaliação é um elemento essencial em propostas de mudanças nas formas de organização da escola e dos métodos de ensino e de aprendizagem.

Seguindo o estudo, a segunda conclusão tirada dos dados analisados nas respostas de 53% dos professores, que expressaram o desejo de novas relações na escola, e da escola com o mundo público-político, foi de que:

A escola dos sonhos seria democrática, inclusiva e valorizaria o docente

Este foi outro resultado muito significativo. Ele mostra que, apesar de todos os percalços da educação e de uma cultura autoritária arraigada na gestão de boa parte das escolas, nós, professores, seguimos tendo a democracia, a inclusão e a busca da valorização da carreira profissional como valores relevantes para a escola dos sonhos.

FIGURA 4 • Novas relações na e da escola

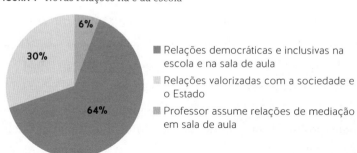

O que está subjacente a esse segundo domínio temático é o desejo de mais da metade dos professores, que, espontaneamente, apontaram a importância de que as relações no âmbito da sala de aula e da escola em geral sejam diferentes. Sessenta e quatro por cento dos professores expressaram o desejo de relações mais democráticas e inclusivas na escola, mas também ressaltaram a importância de que a escola tenha uma relação mais articulada com o que a pesquisa chama de mundo público-político, o que inclui a valorização profissional e salarial, e mais investimentos na capacitação profissional. Por fim, em outra perspectiva, 6% dos respondentes apontaram que a escola ideal também reserva um novo papel para as relações entre docentes e discentes na sala de aula, baseada no trabalho de mediação pedagógica do professor e no diálogo entre todos.

Vejam, nas narrativas apresentadas a seguir, como os professores se expressaram sobre esta temática na pesquisa:

RELAÇÕES DEMOCRÁTICAS E INCLUSIVAS NA ESCOLA E NA SALA DE AULA
Consigo estabelecer excelentes relações de respeito com meus estudantes, profundamente fundadas no diálogo. A minha escola ideal: um lugar onde as relações sejam horizontalizadas e [...] as mais transparentes possíveis, e a democracia seja exercida de modo radical.

A minha escola seria inclusiva, onde, sem distinção, todos os alunos pudessem estudar.

A gestão escolar seria realmente democrática e participativa, e a escola, como um todo, seria um centro de referência na formação de cidadãos que contribuíssem efetivamente para fazer deste um mundo melhor.

O conceito de inclusão escolar, pautado no princípio da universalidade de acesso e permanência na escola a todas as pessoas em idade apropriada, é muito próximo dos pressupostos da democracia escolar. Afinal, concebe-se que a democracia na escola (e na sociedade como um todo) pressupõe a complementaridade entre a igualdade e a equidade, que é o reconhecimento da diferença entre os iguais. Assim, enquanto o respeito à diversidade garante que pessoas diferentes tenham o direito de estar em sala de aula, cada pessoa deve ser atendida em sua singularidade nos espaços educativos.

Nas últimas décadas, em decorrência da promulgação da Constituição Federal de 1988, que tornou a educação um direito de todos, a inclusão passou a se tornar realidade a ponto de termos hoje cerca de 97% das crianças em idade escolar frequentando escolas no Brasil. A inclusão, no entanto, sempre foi alvo de polêmica e motivo de tensão nas salas de aula e nas famílias; não são poucos os professores e famílias que almejam a homogeneização e padronização dos alunos em cada turma em prol de uma suposta eficiência no aprendizado. Afinal, dizem, a inclusão que coloca todos os excluídos na escola é fonte de indisciplina e violência nas salas de aula, prejudicando o ensino.

Encontrar uma maioria de profissionais defendendo espontaneamente que a escola dos sonhos seria inclusiva, para todos, e pautada em relações mais democráticas na sala de aula foi uma boa surpresa na pesquisa. Sessenta e quatro por cento dos professores que falaram de mudanças nas relações escolares mencionaram esse desejo. Um sinal de que, apesar de todos os embates, essa visão de sociedade vem prevalecendo no coração e na mente dos profissionais da educação, que reconhecem que é inconcebível voltar para a escola excludente de antes.

Ao mesmo tempo, esse dado ajuda a compreender por que as tentativas recentes de golpe de Estado no Brasil não tiveram adesão real da maioria da população e fracassaram. O espírito democrático parece estar finalmente se consolidando em nossa cultura e sociedade, e fico emocionada e feliz ao pensar que tenho contribuído para isso em minha trajetória profissional.

Eu diria que a aproximação com as metodologias ativas vem dando aos professores uma perspectiva de que é possível fazer educação de qualidade e inclusão, se nós, docentes, mudarmos a organização e as formas de trabalho.

Outro elemento relevante nos dados da pesquisa, dentro desse domínio temático, foi sobre o desejo de maior valorização e reconhecimento da profissão, o que implica sociedade e Estado concebendo a educação de forma diferente.

Relações valorizadas com a sociedade e o Estado

Eu, professora, teria dedicação exclusiva e receberia um salário que me possibilitasse ter acesso aos bens culturais que necessito, podendo fazer uma viagem por ano para conhecer lugares de cultura diferente da minha, no Brasil ou fora dele. Assim, poderia ser uma professora pesquisadora, tendo tempo para as leituras que me trazem motivação para o trabalho.

Numa escola dos sonhos, professores e professoras seriam qualificados, valorizados e bem remunerados, alunos e alunas seriam respeitados em suas diferenças e singularidades e teriam seu direito de aprendizagem garantido, através de um currículo emancipador, que desenvolvesse a criticidade e a vontade de melhorar a si mesmo e a sociedade.

Faria minha escola ser mais democrática, no sentido de criação e desenvolvimento de práticas educativas voltadas à comunidade escolar.

Por envolver os salários dos professores, que, todos sabemos, são aviltantes se comparados com os de outras profissões que exigem ensino superior, confesso que neste domínio me surpreendi com "apenas" 30% de menções sobre problemas salariais (feitas, de fato, por 15% dos sujeitos da amostra de 1.456). Eu esperava uma avalanche de lamúrias sobre salário, o que seria plenamente justificado. Na verdade, a questão salarial surgiu junto com o desejo de que a escola dos sonhos seja fruto de um reconhecimento — por parte da sociedade, das famílias e do mundo político — de que sem educação não há horizonte para as gerações futuras e para a sociedade como um todo. Nesse quadro de valorização, os salários seriam dignos e haveria investimento na formação profissional e nas condições de trabalho no interior das escolas.

Achei bonito ver isso, esse sonho de valorização que envolve remuneração e qualidade nas condições de trabalho. É a postura com a qual me identifico e, com certeza, minha resposta como sujeito da pesquisa contemplou essa perspectiva. Começamos a ver a importância de a valorização salarial ter se tornado realidade na minha cidade e no processo que estou vivendo na escola Graciliano Ramos, onde trabalho. Até mesmo a minha participação nesse grupo de pesquisa é consequência de uma visão política diferenciada por parte dos gestores da escola, que reconhecem a importância do estudo e da qualificação dos docentes.

O desejo expresso aqui é de relações mais valorizadas entre o Estado e os profissionais da educação. A mensagem clara é a de que uma escola ideal é resultante de uma sociedade que não discute educação de forma vazia, apenas na véspera das eleições. A educação idealizada é prioridade do Estado e da política; os recursos da educação chegam sem desvios no caminho: são vistos como investimento, e não como despesas que vivem sob a ameaça de cortes diante de variações na economia e no humor dos políticos de plantão.

Por fim, nesse domínio temático, a partir das considerações de 53% dos professores entrevistados, surgem menções de desejos ainda incipientes de mudanças no papel do professor no processo de ensino e de aprendizagem. Atrelado às mudanças em metodologias, 6% dos docentes revelam o desejo de que na escola dos sonhos os professores assumam relações de mediação do conhecimento com os seus estudantes, como pode ser observado no exemplo a seguir:

Professor assume relações de mediação em sala de aula
Começo pelo professor, pois acredito que sem ele não há escola. O professor é o mediador do processo, deve estar em constante formação e entender as diversas demandas de seus alunos: sociais, emocionais e cognitivas. É necessária a construção de uma aula participativa, em que os alunos sejam os protagonistas do processo com a orientação do professor, por isso o planejamento é primordial.

Essa resposta resume uma visão de que a escola do século 21 muda o seu eixo de funcionamento. Como disse Lee S. Shulman em *The wisdom of practice*, neste momento a educação deixa de se centrar no ensino para focar a aprendizagem e o protagonismo dos estudantes. Para isso, os professores têm um novo papel, de mediadores do trabalho pedagógico, e não de detentores e transmissores do conhecimento. Isso fica implícito na fala apresentada acima, que ilustra os 6% que deram respostas semelhantes.

Concluindo a discussão sobre esse segundo domínio temático, os dados que encontramos na pesquisa mostram uma tendência dos professores a sonhar com uma escola que, além de assumir novas formas de organização e ter como referência metodologias ativas de ensino e aprendizagem, está alicerçada em relações mais democráticas e inclusivas, e também na forte valorização do docente e de suas condições de trabalho por parte da sociedade.

Por fim, quero falar do terceiro domínio temático identificado na pesquisa "A escola pública dos sonhos...", apontado nas respostas espontâneas de 42% dos professores que compõem a amostra. Ele versa sobre como deveria ser a estrutura curricular e de conteúdos na escola idealizada por esses docentes. O resumo dos dados encontrados aponta para a seguinte mensagem:

A escola dos sonhos teria um currículo flexível, contextualizado nas necessidades de uma formação cidadã e nas demandas da família, da comunidade e do trabalho

Essa perspectiva de que a escola ideal teria um currículo diferente foi apontada por 42% dos professores (618), que expressaram o desejo de um currículo contextualizado, flexível, que atenda a outras necessidades da cidadania e da sociedade em geral. De forma específica, os desejos, sonhos e necessidades apontados por esses mesmos docentes no domínio dos conteúdos e currículo mostraram que 66% deles indicavam que o currículo deveria ser flexível, contextualizado nas necessidades de uma formação cidadã. Além disso, 23% das ideias apontam a relevância de que as demandas da família, da comunidade e do trabalho sejam consideradas no currículo, enquanto 11% delas ressaltaram a importância de que os professores recebam formações para essas mudanças curriculares.

FIGURA 5 • Desejo de mudanças curriculares e de conteúdos

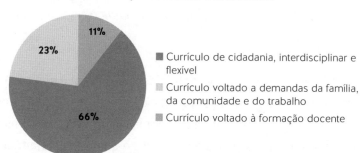

Essas ideias estão refletidas nos exemplos e excertos apresentados a seguir:

CURRÍCULO PARA A CIDADANIA, INTERDISCIPLINAR E FLEXÍVEL
Mudaria o currículo, tornando-o menos engessado e possibilitando ao aluno escolher componentes que realmente tivesse interesse em aprender.

Na nossa sociedade, precisamos de cidadãos que estejam aptos a solucionar problemas, a se adaptar às mudanças e a exercer sua

cidadania de forma plena. Eu me preocuparia menos com conteúdo, afinal as informações estão cada vez mais acessíveis. E teria preocupação em desenvolver uma maior capacidade de interpretação dos problemas e suas relações com variáveis relacionadas. A análise de dados e a proposição de soluções seriam fundamentais nas minhas aulas.

Não existiriam disciplinas como temos hoje, e sim projetos de aprendizado e desenvolvimento de aptidões, de socialização, de conscientização, de forma transdisciplinar. A educação seria voltada para a cidade e a justiça social; estética, laica, gratuita, de qualidade, mas ao mesmo tempo adaptada às especificidades locais e regionais.

Quando penso nos dois domínios temáticos que apresentei anteriormente, fica clara para mim a coerência de boa parte dos professores que, ao apontar que a escola idealizada adotaria metodologias ativas baseadas em projetos e que trabalhariam em escolas democráticas e inclusivas, também acreditam que o currículo deve ser mais flexível, interdisciplinar, com foco na formação cidadã.

Esse modelo curricular, apontado por 66% dos professores na pesquisa, se contrapõe ao que vemos em boa parte das escolas, públicas e privadas, que adotam livros didáticos e materiais apostilados rígidos e sequenciais, os quais definem, desde o início do ano, o que deve ser trabalhado em sala de aula, sem grandes possibilidades de flexibilização e interdisciplinaridade. Apoiados num modelo de gestão que força os docentes a seguirem rigidamente o planejamento feito, sem considerar a realidade de cada sala de aula e da comunidade em que a escola está inserida, penso que no fundo essas instituições e secretarias de educação não acreditam na capacidade dos professores e, por isso, precisam monitorar e predeterminar o que será ensinado e em que hora. De acordo com o discurso formal, o objetivo é garantir a qualidade e a eficiência da educação, geralmente pensando nos testes de avaliação. Penso que isso é um grande equívoco, e que essa perspectiva não tem alterado os resultados da educação.

O que me impressiona nessa postura é que ela é incoerente com tudo que eu já estudei e aprendi a acreditar sobre a educação no século 21, e diverge de como ela deveria ser a fim de formar as novas gerações para viver num mundo de fluidez profissional e pessoal que ainda não compreendemos bem como será. Por isso, a tônica que impulsiona o capitalismo atual e as demandas sociais é a criatividade, a capacidade de comunicação, a capacidade de resolver problemas e trabalhar colaborativamente. Essas são habilidades e competências que devem permitir aos jovens se adaptar a um mundo fluido e incerto. Ou seja, vende-se uma ideia de qualidade educativa para a sociedade e as famílias, mas a prática das políticas pedagógicas adotadas nas escolas e redes de ensino é incoerente com os objetivos declarados.

Mas os professores já compreenderam essa distopia e, por isso, desejam uma escola coerente, com um currículo efetivamente flexível e interdisciplinar — um currículo desenvolvido por meio de pedagogias de projetos e metodologias ativas, que enfocam as habilidades e competências demandadas pela sociedade e pelo mundo do trabalho na atual fase do capitalismo, das tecnologias em evolução e das relações sociais.

Mais importante, os dados dessa pesquisa sinalizam a compreensão de que a escola não pode ser apenas instrumental para se responder a testes, provas e vestibulares, como se essa fosse a finalidade da educação. Os professores já entenderam o papel da educação para além da transmissão de conhecimentos, e um de seus papéis fundamentais é a formação cidadã, crítica, que permitirá às futuras gerações construir valores como cooperação, ética, solidariedade e preocupação com os demais seres vivos e o planeta. Essas são competências que lhes permitirão ser agentes de coconstrução de um mundo em eterna transformação. O currículo e os conteúdos da escola precisam refletir essa realidade, sob pena de formar pessoas para viver em um mundo que não existirá, o que seria uma enorme falha da atual geração de profissionais que se dedicam à educação.

Em continuidade a essa discussão, a próxima categoria de respostas dentro desse domínio traz uma preocupação sobre outra dimensão do currículo, que deve ser conectado à realidade das pessoas e dos interesses da família, da comunidade e do trabalho:

CURRÍCULO VOLTADO ÀS DEMANDAS DA FAMÍLIA, DA COMUNIDADE E DO TRABALHO
Minhas aulas seriam voltadas para a realidade de cada aluno, aulas práticas baseadas no que cada família vive e conhece.

Educação voltada para a vida, ou seja, o jovem, desde o jardim de infância até o ensino médio, seria preparado para ter uma vida social, um emprego e uma família.

O currículo seria construído de forma coletiva, dando espaço para os projetos, saberes e necessidades de aprendizagem trazidos pelos estudantes e pelas famílias através do processo de escuta atenta dos profissionais docentes. As aulas estariam relacionadas com os projetos de vida de cada estudante e com as questões de emergência da sociedade atual.

A contextualização na realidade das pessoas é uma discussão antiga que vem tomando corpo na educação do século 21, no sentido de que o que se aprende na escola precisa ser flexível para reconhecer as necessidades e peculiaridades das comunidades e seus saberes, e não algo homogeneizado para todo o país, desconsiderando as realidades regionais e culturais. É assim que comunidades indígenas, quilombolas, periféricas, de regiões que têm determinada característica econômica, valores culturais específicos etc. precisam impregnar o currículo das escolas da região, de modo que a educação faça mais sentido para quem estuda ali.

A realidade do mundo do trabalho, como foi mencionado, é essencial para que a escola cumpra sua função social de formação no mundo contemporâneo. Deixar o currículo ser impregnado pelas necessidades da cultura e das economias locais é possível com o conceito de transversalidade, que permite que as temáticas regionais e locais perpassem, por exemplo, as aprendizagens de matemática, linguagens, ciências, humanidades e outros conteúdos relevantes de uma perspectiva sociocultural.

Mais uma vez, a pedagogia de projetos e as metodologias ativas — em que livros, apostilas e mesmo os conteúdos de legislações como a BNCC são usados apenas como referência e apoio pedagógico, e não como finalidade — são um caminho para que o currículo seja desenvolvido a fim de preparar as futuras gerações na construção das competências e habilidades que empresas, terceiro setor e serviços públicos requerem de quem vai trabalhar ali no futuro.

Esse domínio temático, porém, trouxe outra maneira de os professores verem o papel do currículo na escola: o de formá-los nessa realidade prevista na escola desejada. Daí surge a terceira categoria de respostas:

Currículo voltado à formação docente

Numa escola dos sonhos, o aprendizado seria significativo tanto para os alunos quanto para os professores, já que, nesse processo, ambos aprendem e ensinam. Os professores teriam uma boa formação e, principalmente, uma boa formação continuada. Sabendo que conhecimento não é estático nem finito e que a sociedade também está em constante mutação, nessa escola dos sonhos, professores e professoras são eternos alunos motivados pelo desejo de aprender, pois é o desejo de aprender sempre que produz a motivação para um trabalho docente desafiador e prazeroso.

Formação continuada para sabermos lidar com a educação a distância e informatizada.

Ou seja, pelo menos 11% dos educadores reconhecem que, para que a escola desejada se torne realidade, é preciso mudar a perspectiva de formação docente e propiciar condições para que professoras e professores se desenvolvam profissionalmente em consonância com essas mudanças na escola.

Eu acredito nisso, pois vejo, em minha experiência nas escolas, que muitos colegas querem fazer diferente, querem fazer melhor, mas se sentem inseguros e sem base para inovar e assumir o trabalho com projetos e outras metodologias, bem como adotar tecnologias nas aulas. Nessa insegurança, seguem fazendo o que sempre fizeram. Mas o desejo está latente, e nas respostas dessa categoria fica explicitada a consciência, ainda que minoritária, de que a formação docente é chave para a transformação da escola.

Seguir aprendendo é a essência da educação, e nós, professores, queremos estudar cada vez mais. Mas isso ficará mais evidente a seguir.

O professor da escola pública brasileira: seus desejos e projetos de vida

Compreender os sonhos, desejos, aspirações e projetos de vida dos professores brasileiros de educação básica foi o objetivo da outra pesquisa de cujas análises participei. Ela seguiu procedimentos de coleta e análise de dados semelhantes àquela sobre a escola dos sonhos, incluindo a criação de seu livro de códigos.

Este estudo ocorreu a partir das respostas dadas a duas perguntas feitas aos professores, que foram analisadas conjuntamente. A primeira era: "Quais são os seus objetivos e planos para os próximos anos e para um futuro mais distante? Como você se sente em relação a eles?". E a segunda: "Conte-nos sobre os seus projetos de vida, descrevendo com detalhes os seus pensamentos, sentimentos e ações a respeito deles".

Ao analisar essas questões conjuntamente, eu e meus colegas identificamos que, de maneira geral, a grande maioria dos docentes entrevistados expressou ter a educação como central em seus projetos de vida, conforme vemos a seguir. E este foi, para mim, o dado mais impactante das duas pesquisas realizadas, pelo seu possível impacto na educação brasileira.

A educação ocupa lugar de destaque nos projetos de vida dos docentes

Para 83% dos professores (1.669), a educação ocupa lugar central em seus projetos de vida. Em seus relatos, expressam que pretendem seguir atuando como docentes, desenvolver-se profissionalmente, impactar estudantes e comunidade via educação e fomentar mudanças que promovam a qualidade educativa. Apenas 17% dos docentes (331) expressam que pretendem se aposentar ou mudar de profissão, o que os agrupou em uma categoria em que a educação não ocupa um lugar de destaque em seus projetos de vida.

FIGURA 6 • Educação e projetos de vida dos docentes

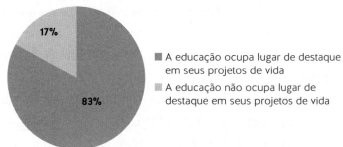

Para entender melhor o que os professores pensam sobre esse assunto, vejam algumas narrativas sobre o lugar de destaque da educação em seus projetos de vida:

Compreender cada vez mais o aprendizado e o ensino e criar um repertório de práticas poderosas e material para tornar o trabalho mais fácil e rápido. Meu projeto de vida é ser um professor excelente. Penso que é minha responsabilidade o desenvolvimento dos meus alunos e que essa é uma profissão muito séria.

Só penso em continuar trabalhando, contribuindo para o sucesso dos estudantes. Sinto que de certa forma eu os auxilio e que sou parte fundamental na vida escolar deles. Falar de projetos de vida é projetar metas para o futuro. No momento, meus projetos são participar dessa formação e me tornar uma profissional melhor.

Outros professores, por outro lado, deixaram evidente que a educação não faz parte de seus planos ou projetos de vida:

Meus planos futuros englobam a aposentadoria, com isso terei mais tempo disponível para a realização de outras atividades. Meus sentimentos são de dever cumprido, de ter contribuído de alguma maneira para a sociedade, principalmente na melhora da qualidade de vida de muitos alunos e pessoas com quem convivi no decorrer dos anos. Durante esse período de pandemia, procuro manter minha saúde física e mental em dia.

Aposentar. Pretendo me aposentar assim que puder para preservar minha saúde física e emocional. Meu projeto de vida é ter tempo para viver, não ser consumida pelo trabalho nos finais de semana e que meu período de férias seja respeitado. A cada dia me sinto mais desmotivada diante das pressões e da falta de valorização, além de sermos tratados como robôs.

Quero me aposentar o mais rápido possível, hoje não somos mais valorizados. Meu projeto de vida é me aposentar.

Esses dados e respostas me parecem significativos, pois enunciam que a grande maioria das pessoas que estão atuando como professores de escolas públicas no Brasil o fazem de forma consciente, a partir de uma escolha pessoal, mas também profissional. Parecem ter escolhido a profissão docente de forma intencional, e isso abre uma perspectiva positiva para a criação de políticas públicas de desenvolvimento profissional, pela possibilidade de engajamento dessas pessoas na melhoria da educação.

Se considerarmos a vida estressante dos professores e o que atualmente se chama de "mal-estar docente", pensando também na pandemia de covid-19, que trouxe enormes desafios para suas atividades profissionais, ver esses resultados é instigante e encorajador — principalmente levando em conta que os dados foram coletados em 2021, em pleno período pandêmico.

Essa realidade fica mais bem demonstrada com os dados a seguir, que esmiúçam o pensamento desses docentes comprometidos com a educação.

Os projetos de vida são pautados pelos desejos de excelência, ética e compromisso com a profissão

Os 1.669 professores (83%) que apontaram espontaneamente que a educação ocupa lugar central em seus projetos de vida expressaram o desejo de que o compromisso com a educação e a profissão docente, a busca da excelência na educação e a ética pessoal e profissional façam parte do cotidiano dos educadores. São valores e virtudes socialmente relevantes, que, pertencendo aos desejos e projetos de vida dos docentes, ensejam esperanças de se buscar uma educação de qualidade no Brasil.

Essa perspectiva foi construída a partir das ideias presentes nas respostas dos professores, que foram categorizadas em três grandes domínios temáticos: 100% (1.669) dos professores que tinham a educação como central apresentaram pelo menos um desejo de compromisso com a profissão em seu projeto de vida. Deles, 88% (1.467) demonstraram uma perspectiva de busca de excelência e qualidade na educação. Já 56% (933) dos docentes trouxeram a preocupação ética de cuidado e a responsabilidade como essenciais em seus projetos de vida.

FIGURA 7 • Domínios que caracterizam os desejos e projetos de vida

A etapa seguinte do trabalho do nosso grupo de investigadores foi identificar nas respostas específicas os detalhes das categorias que configuravam cada domínio, com o objetivo de entender as nuances das ideias subjacentes aos desejos e projetos de vida dos docentes.

Fiquei animada e bastante empolgada ao perceber que, das experiências relatadas, cada uma com sua singularidade, emergiu, por diferentes vias, o compromisso dos professores com seu trabalho e com a busca de qualidade na educação. Vou tentar dar visibilidade a isso mostrando os resultados encontrados na análise de cada domínio, bem como as peculiaridades presentes em cada narrativa.

Esses três domínios temáticos se organizam da seguinte maneira:

Os professores têm compromisso com a educação

Cem por cento dos professores (1.669) que demonstraram que a educação ocupa um lugar de destaque em seus projetos de vida foram considerados como tendo compromisso com a educação. Afinal, suas respostas expressaram de diversas maneiras o desejo de comprometimento com a sala de aula, com o seu aprimoramento e com a formação de seus estudantes: 43% dos professores responderam que pretendem se desenvolver profissionalmente fazendo mestrado, doutorado ou outros aprimoramentos; 28% expressaram espontaneamente o desejo de seguir atuando em sala de aula; 21%, o desejo de impactar a vida dos estudantes e da comunidade; e 8%, o desejo de promover a qualidade da educação.

FIGURA 8 • Compromisso com a educação e a profissão docente

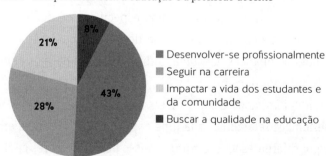

Acredito que é possível estabelecer relações entre o compromisso demonstrado pelos docentes nessa pesquisa e o conceito de engajamento da teoria do bom trabalho, de Howard Gardner.

Ao nos determos nas categorias que compõem este domínio temático ("Compromisso com a educação..."), vemos que o engajamento está presente no desejo de investir no próprio desenvolvimento profissional, na preocupação com o impacto de seu trabalho na vida dos estudantes e da comunidade e na responsabilidade demonstrada na busca de qualidade na educação. Somado a isso, temos aqueles que demonstram tal engajamento pelo fato de simplesmente demarcarem sua permanência na carreira docente, configurando uma centralidade em suas escolhas.

As narrativas que apresento a seguir dizem muito sobre as diferentes configurações do compromisso dos participantes com a educação e com a profissão docente.

Alguns relatos que demonstram o compromisso com a educação e a profissão docente:

Desenvolver-se profissionalmente
Do ponto de vista profissional, como já relatado, a ideia é ingressar no mestrado em um futuro próximo (ainda este ano) para a abertura de oportunidades na área. Não apenas de emprego, mas também de novas didáticas e técnicas em sala de aula. Passar em outro concurso também é um projeto para os próximos anos.

Seguir na carreira docente
Quero passar em um concurso público e, com isso, poder atuar por mais tempo em uma escola, para realizar alguns projetos. Quero

passar em um concurso público para ter estabilidade e mais liberdade de ação com meus alunos. Quero fazer um mestrado em educação especial, gosto muito de trabalhar com esse público.

IMPACTAR A VIDA DE ESTUDANTES E COMUNIDADE
Compreender cada vez mais o aprendizado e o ensino e criar um repertório de práticas poderosas e material para tornar o trabalho mais fácil e rápido. Meu projeto de vida é ser um professor excelente. Penso que é minha responsabilidade o desenvolvimento dos meus alunos e que esta é uma profissão muito séria.

PROMOVER A QUALIDADE NA EDUCAÇÃO
Não são exatamente planos, mas gostaria muito de ter a oportunidade de participar de um novo tipo de educação, verdadeiramente voltada para o desenvolvimento do ser humano. Sinto que está um pouco distante, mas não inatingível.

Esmiuçando esses dados, identificamos o desejo desses professores de compromisso com a sala de aula, com o próprio aprimoramento e com a formação dos estudantes. Isso foi traduzido nas respostas de 43% dos professores, que disseram que pretendem se desenvolver profissionalmente fazendo mestrado, doutorado e outras formas de aprimoramento. Nessas narrativas, expressaram espontaneamente os desejos de impactar a vida dos estudantes e da comunidade onde trabalham e de seguir atuando na sala de aula da educação básica em vez de migrar para a esfera administrativa das escolas.

Outra forma de organizar as respostas dos professores participantes da pesquisa foi buscar aqueles que apontaram o desejo de busca de excelência e qualidade na educação. Esse princípio configura o segundo domínio temático identificado.

A busca de excelência e qualidade na educação

De todos os docentes (1.669) que têm a educação como central em seus projetos de vida, 88% (1.467) expressaram em suas respostas espontâneas o desejo de participar de forma ativa na construção de uma educação pública que almeje a excelência e a qualidade. As respostas se revelaram em diversas categorias que ajudam a entender essa perspectiva. Assim, neste domínio temático que analisa os desejos de qualidade e excelência, foram considerados os docentes que desejam se desenvolver e crescer profissionalmente (59% dos 1.467 docentes deste domínio), aqueles que desejam impactar positivamente a vida e a comunidade de seus estudantes (30%), e também os que disseram explicitamente que buscam a qualidade em seu trabalho e na escola (11%).

FIGURA 9 • A busca de excelência e qualidade na educação

Vejam, a seguir, novos argumentos que exemplificam essas narrativas dos docentes:

Desenvolver-se profissionalmente

Quero voltar para a sala de aula e tentar aplicar várias coisas que conheci durante a pandemia. Continuar minha formação. Estou no mestrado e meu plano é fazer desse processo um aprendizado que eu consiga aplicar no meu trabalho. Tenho um pouco de ansiedade de voltar para a sala de aula. Com relação ao mestrado, a expectativa é de conseguir tornar meu trabalho melhor. Meu mestrado está começando e estou muito empolgada com isso. É minha prioridade no momento. Minha família não tinha tradição em formação superior, então a graduação já tinha sido uma grande conquista. O mestrado não passava de um sonho distante. Passei muito tempo longe da universidade e essa oportunidade foi uma felicidade muito grande.

Impactar a vida dos estudantes e da comunidade

[...] estou disposta a dar o meu melhor, para ajudar a todos que trabalham ao meu lado e que dependem direta ou indiretamente de mim e do meu trabalho para melhorar o sistema de ensino. E dar aos nossos alunos uma educação de qualidade e excelência.

Buscar a qualidade na educação

Já com 28 anos de magistério, ainda tenho muito fôlego e desejo de contribuir mais. Não posso me aposentar em função da idade, e nem é meu desejo no momento. Tenho planos de criar um espaço mais envolvente para o ensino de ciências, um clube de ciências no contraturno ou algo parecido. Temos desejo de um espaço de robótica. Ano passado, criamos um grupo de estudo com professores e desejamos retomar os estudos e as trocas de experiências. Um grupo de estudos de livre adesão. Participa quem acredita e deseja fazer a diferença.

Como pode ser observado nessas respostas, o compromisso com a excelência e a qualidade se faz presente nos desejos dos docentes na medida em que eles querem investir na própria formação, certos de que ela reverbera em suas práticas educativas. Esse movimento parece fazer jus ao conceito de excelência, posto que o bom trabalho se baseia também no princípio de uma execução de alta qualidade técnica e sempre atualizada.

Isso faz muito sentido para mim! Quem está pessoalmente envolvido e verdadeiramente comprometido com uma educação de qualidade "corre atrás", busca manter-se atualizado e qualificado para desenvolver seu ofício. Nessa "corrida" pela qualidade na educação, é natural que o professor tenha a expectativa de impactar positivamente a vida dos seus alunos e a sociedade. Trata-se de um compromisso que transcende os próprios interesses, e isso é o que configura um projeto de vida ético na perspectiva desenvolvida por William Damon.

Por fim, no terceiro domínio ou forma de organização e leitura dos dados, encontramos aqueles professores que destacam a importância da ética do cuidado e da responsabilidade da profissão. Esmiuçando as respostas, essas categorias ficam evidentes:

Assumem a ética do cuidado e a responsabilidade na vida e na profissão

De todos os docentes (1.669) que têm a educação como central em seus projetos de vida, 56% (933) demonstraram em suas respostas espontâneas a preocupação de que sua vida, tanto pessoal quanto profissional, fosse pautada em princípios de uma ética do cuidado para com seus estudantes e a sociedade em geral, bem como na responsabilidade dos atores envolvidos nos processos educativos. As três categorias de respostas que foram consideradas neste domínio temático foram: os docentes que indicaram querer impactar positivamente a vida dos estudantes e da comunidade (50% dos 933 que compõem este domínio), aqueles que expressaram o desejo de uma educação de qualidade para todos os estudantes (20% dos docentes neste domínio), e incorporamos também aqueles que mostraram sua responsabilidade com a família, pela dimensão ética de cuidado que isso comporta (30% dos 933 docentes).

FIGURA 10 • Ética do cuidado e responsabilidade na vida e na profissão

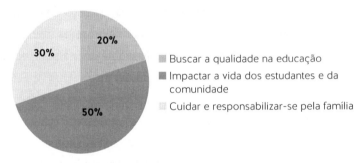

Essa forma de compreender o compromisso dos docentes e sua centralidade em seus projetos de vida pode ser analisada a partir dos exemplos citados a seguir:

Buscar a qualidade na educação
Fortalecer ainda mais a minha luta em prol da educação pública, gratuita e de qualidade, efetivando os direitos dos sujeitos diretamente envolvidos no processo educacional.

Impactar a vida dos estudantes e da comunidade
Quero criar projetos para estimular os jovens a reconhecerem a importância do estudo. E sentirem mais prazer em aprender. Quero ainda ajudar crianças carentes, que muitas vezes não têm um parente que possa auxiliá-las nas atividades escolares, e muito menos têm condições de pagar reforço.

Cuidar da família e responsabilizar-se por ela
Meus projetos de vida são manter minha família saudável, investir na educação das minhas filhas e me capacitar também para melhor execução de minhas funções. Procuro priorizar um bem-estar de vida em todos os sentidos.

Esses exemplos evocam o direito à educação de qualidade e as condições básicas necessárias para garantir o bom aprendizado, que deveria ser assegurado a todo cidadão e cidadã. Eis a dimensão da ética relacionada ao conceito de responsabilidade, que requer nossa capacidade de perceber e contemplar as necessidades dos outros, bem como as próprias.

Eu me lembro de uma autora, Susan Verducci, que discorreu sobre esse conceito num livro que falava sobre a responsabilidade no trabalho, organizado por Howard Gardner, em 2008. A ideia central era de que a responsabilidade se configura na capacidade de emitir uma resposta que atenda às necessidades do outro. Ora, faz sentido pensar que só podemos responder às necessidades alheias se formos sensíveis a elas, ou seja, se as enxergarmos. E esse é o significado da empatia.

Outra constatação a partir das diversas respostas dos participantes desta pesquisa no domínio temático da ética é como essa visão se conecta com a perspectiva da ética do cuidado trazida para o centro do debate no campo da psicologia moral pela norte-americana Carol Gilligan, em 1982. Entendo que o cuidado deve emergir da nossa capacidade de identificar as reais necessidades e desejos dos nossos alunos, de escutar as demandas que eles nos apresentam. Nessa perspectiva ética, além do princípio de justiça e da responsabilidade social, dá-se destaque às relações interpessoais, estabelecidas no âmbito da comunidade escolar e para além dela.

Concluindo e sintetizando este capítulo, o que encontramos nas respostas dos colegas professores é a perspectiva de que a maioria dos educadores brasileiros tem como projeto de vida o compromisso com a educação e sonha com uma escola inovadora e diferente — no currículo, nas formas de organização, nos métodos de ensino e aprendizagem e nas relações, tanto dentro da escola como desta com a comunidade e a sociedade.

Esses desejos, estudados nas duas pesquisas de forma articulada, refletem uma realidade de que a escola dos sonhos não é a que prevalece na realidade cotidiana de nosso país. Embora tal constatação possa ser preocupante e indicar um quadro de insatisfação, mostra, ao mesmo tempo, inquietação e reflexões críticas. Com isso, abre caminhos para a construção de uma educação de qualidade, pautada em princípios de ética e engajamento, tendo os professores como os principais atores dessas transformações.

·····

4
A VOZ DOS PROFESSORES

Todo conhecimento começa com o sonho. O sonho nada mais é que a aventura pelo mar desconhecido, em busca da terra sonhada. Mas sonhar é coisa que não se ensina, brota das profundezas do corpo, como a alegria brota das profundezas da terra. Como mestre só posso então lhe dizer uma coisa: "Conte-me os seus sonhos, para que sonhemos juntos!"

Rubem Alves

FAZ ALGUNS DIAS QUE ando inquieta porque, desde que fechamos a análise das pesquisas "O professor da escola pública brasileira: seus sonhos, desejos e projetos de vida", quero fazer uma sugestão aos professores Ulisses e Valéria, pesquisadores principais do NAP, e não sei como será recebida. Hoje teremos reunião do grupo, e eu decidi criar coragem e apresentá-la.

Às 14 horas, mãos geladas e tremendo por dentro, assim que começou a reunião virtual eu pedi a palavra e arrisquei:

— Olha, tem uma coisa que me incomoda no que estamos fazendo e em quase tudo que leio sobre pesquisas em educação. Coletam-se dados, milhares de professores respondem às pesquisas ou participam de estudos, abrem suas salas de aula e, na hora de se divulgarem os resultados, o que pensam de fato, os professores desaparecem; são convertidos em dados numéricos. Quando muito, os pesquisadores selecionam excertos que interessam a eles. Mas a essência, a íntegra e a complexidade dos pensamentos dos professores ouvidos raramente são expostas. É como se eles fossem apenas objetos das pesquisas, e não os protagonistas. Me desculpem pela sinceridade, mas achei que devia expor esse sentimento.

Depois de alguns segundos de silêncio, a professora Valéria pediu a palavra.

— Luana, que reflexão fantástica, a sua. Como você está certa! Acho que isso é e será um grande aprendizado para todos nós.

Na mesma linha, o professor Ulisses logo complementou:

— Já pensaram que, para além dos nossos objetivos com essas pesquisas, se divulgarmos na íntegra as respostas dos professores, esse material poderá auxiliar outras reflexões que nós aqui não pensamos? Acho que muitos professores poderão se identificar com algumas das respostas, e isso pode ajudá-los a se engajar em seus desejos e sonhos e reforçar seus projetos de vida. Genial, Luana.

A minha adrenalina baixou na hora, e eu fiquei muito feliz com a receptividade dos colegas. Todo mundo me apoiou.

Com isso, decidiu-se tornar pública a íntegra das ideias, desejos, sentimentos, reflexões e sonhos dos professores que participaram das pesquisas. O Instituto iungo, parceiro e patrocinador das pesquisas, foi consultado, aprovou a proposta e colocou todo esse material em seu site. O Instituto iungo é sediado em Belo Horizonte e oferece formação continuada para educadores. Além disso, produz material pedagógico para apoiá-los no dia a dia e realiza pesquisas para ouvir os professores do Brasil. Em sua atuação, conta com o apoio do Instituto MRV e do Movimento Bem Maior. Em seus dois primeiros anos de atividade, o iungo firmou parcerias com a Universidade de São Paulo (USP), a Universidade Estadual de Campinas (Unicamp), algumas entidades do terceiro setor e 12 redes estaduais de ensino, impactando diretamente mais de 180 mil educadores com ações de formação.

Aqui, não tenho espaço para publicar todos os relatos dos docentes. No entanto, quero apresentar uma degustação, um bom número de respostas em sua versão original, complexa e multifacetada. São relatos muito ricos, com detalhes, abordando variadas e múltiplas perspectivas, que merecem ser conhecidos na íntegra, pois demonstram os reais desejos, sonhos e necessidades dos docentes sobre como seria a escola dos sonhos e como se configuram seus projetos de vida. Lembro que os relatos foram recebidos de forma anônima e, por isso, os professores não estão identificados.

Fica aqui o convite para que vocês se debrucem sobre a voz expressa por dezenas de docentes que participaram desses estudos de forma espontânea. Saboreiem as próximas páginas com cumplicidade e senso crítico. Primeiro estão os desejos, sonhos e necessidades que configuram como seria a escola dos sonhos para os educadores brasileiros; depois, seus desejos e projetos de vida. Aproveitem essas leituras, como eu fiz.

As narrativas sobre a escola dos sonhos: os desejos, sonhos e necessidades

Respondendo à pergunta: "Se você tivesse poderes para reinventar as práticas escolares e suas aulas, pensando nas demandas da sociedade atual, numa educação de qualidade e na escola ideal, como seriam as suas aulas e a escola? Queremos conhecer a sua utopia para a educação".

A escola seria um lugar agradável para toda a comunidade escolar, incluindo famílias, que não teriam em sua memória afetiva experiências dolorosas de suas próprias vidas quando estudantes. Seria um lugar com energia vital pulsante, com arte e cultura onipresente, com respeito e estímulo aos processos criativos de professores/as, alunos/as e funcionários/as, onde aprender fosse algo desejado e valorizado, porque o conhecimento seria valorizado; um lugar onde as práticas docentes, além de bem fundamentadas e norteadas por um planejamento que realmente respeitasse as características individuais e do grupo de estudantes, tivessem como meta o desenvolvimento de pessoas humanas, saudáveis, com respeito ao ser humano seja ele/a como for, que agissem pensando no bem coletivo e com liberdade de pensamento e autonomia para gerenciar o seu próprio aprender. A gestão escolar seria realmente democrática e participativa e a escola, como um todo, seria um centro de referência na formação de cidadãos que contribuíssem efetivamente para fazer deste um mundo melhor. A arquitetura do espaço físico refletiria essa perspectiva, pois o prédio seria colorido, com salas e laboratórios amplos, arejados, com iluminação adequada e equipados para as diversas práticas que ali seriam desenvolvidas — com ginásio, quadras e piscinas para as diversas práticas desportivas; com um bom teatro, tanto para as aulas quanto para receber shows *e realizar apresentações; com uma biblioteca atual e um ambiente de estímulo para a leitura, com bibliotecária formada e entusiasmada com o exercício de sua profissão; com parque* contendo brinquedos adequados às diversas faixas etárias + caixa de areia limpa, árvores onde as crianças pudessem subir, flores e campo gramado.

A escola seria um espaço democrático, no qual a comunidade pudesse participar de forma efetiva nos colegiados, grêmio estudantil, conselho de escola e conselho de classe. Essa participação permitiria que diferentes demandas fossem trazidas pela comunidade escolar, que as discussões, no ambiente escolar, tivessem como pauta o ambiente interno e o entorno da escola, pensando nas questões de emergência da comunidade escolar. O currículo seria construído de forma coletiva, dando espaço para os projetos, saberes e necessidades de aprendizagem trazidos pelos estudantes e pelas famílias através do processo de escuta atenta dos profissionais docentes. As aulas estariam relacionadas com os projetos de vida de cada estudante e com as questões de emergência da sociedade atual. Reinventar práticas que dessem vez e voz a uma educação plural, libertadora e democrática.

Se eu tivesse poderes para reinventar as práticas escolares e minhas aulas, confesso que começaria por aprender estratégias e mecanismos para a escuta dos anseios de meus alunos. Acredito que partindo do que eles desejam aprender poderei redirecionar minha forma de ensinar. Na escola dos meus sonhos, o estudante é o protagonista e eu, apenas a mediadora. Minhas aulas seriam ainda mais alegres, entusiasmadas e cheias de muito papo. Os conteúdos seriam trabalhados sem a imposição, mas pela reflexão. Nessa escola, o currículo seria repensado junto com os estudantes.

Uma utopia seria uma escola onde a aprendizagem tivesse por base a prática, por meio de observações in loco, *saídas a campo, pesquisas desenvolvidas pelos alunos e orientadas e mediadas pelos professores. Penso que para a aprendizagem ocorrer de fato é preciso existir, antes, o interesse, o querer aprender; nesse caminho, muitos dos porquês relacionados a aprender isso ou aquilo já seriam respondidos pelo próprio aluno à medida que ele se percebesse parte do processo, ou seja, se identificasse com o objeto de estudo. Dessa forma, os conceitos poderiam ser tratados de maneira contextualizada e articulada diretamente aos anseios dos alunos, com efetivo trabalho para construção e exercícios de competências e habilidades.*

Seriam aulas voltadas para a intervenção na comunidade escolar e na comunidade em que a escola está inserida. Também, gosto muito de projetos que partem do interesse dos alunos e de suas reais necessidades. Além disso, venho me aprofundando em metodologias como a cultura maker, *construcionismo e* design thinking. *Acredito que quanto maior o envolvimento e protagonismo dos alunos, maior é a possibilidade de que eles aprendam mais e melhor.*

A escola e as aulas ideais, tratando-se de várias demandas que marcam as sociedades de hoje, estariam assentadas em alguns princípios que julgo fundamentais, a saber: o princípio da urbanidade e do respeito nas relações de ensino-aprendizagem; ver a sala de aula como um ambiente de diálogo, de assimilação e de produção do conhecimento; conceber o profissional da área de educação como um trabalhador que presta um serviço essencial para o desenvolvimento da sociedade; desenvolver competências e habilidades que tornem o educando cada vez mais autônomo, disciplinado e organizado em sua vida acadêmica; permitir que, além da formação acadêmica, o educando desenvolva nele o "ser cidadão"; e tratar a escola como um espaço coletivo no qual os diversos segmentos que a compõem (equipe gestora, educadores, educandos, pessoal técnico-administrativo e família) assumam suas devidas responsabilidades, visando atingir um ensino de excelência.

Uma escola com equipamentos de trabalho atuais, aulas de campo, um espaço para aulas de teatro, música, dança e arte. Uma escola onde os professores recebam formação contínua e sejam tratados com respeito. Uma escola preparada para receber alunos com diversas especialidades e professores capacitados para recebê-los. Uma sala de informática bem equipada, enfim. Mas acima de tudo uma escola que prepare os alunos para o futuro.

Eu gostaria que as aulas fossem uma espécie de oficinas, onde haveria leitura, música, poesia, dinâmicas, teatro, trabalhos de origami, rodas de conversa, rodas de leitura, tertúlias literárias e tudo que coubesse lá. Gostaria que a escola fosse dividida por áreas de conhecimento e, na sala onde você estaria (com uma equipe ou em dupla) a maior parte do tempo (não seria o professor que trocaria de sala e sim os alunos, conforme o desejo e o interesse), viessem de bom grado os alunos interessados nas atividades que sua equipe ou sua dupla poderia oferecer. Gostaria que houvesse mais pesquisa de campo, ou seja, sair com o aluno pelas ruas para ir a bancos, supermercados, praças, museus, cinema, empresas etc., a fim de conhecer os fazeres de perto, in loco. *Gostaria que a comunidade participasse mais, que houvesse apropriação dos espaços escolares, assim como da cidade... o Rio de Janeiro é uma cidade partida, e nem todos se sentem habitantes daqui. Gostaria que não houvesse prazo para as avaliações... que elas fossem mais espontâneas e mais transparentes, ou seja, realmente apontassem se houve um crescimento do sujeito em relação a ele mesmo, e isso seria verificado também na resolução de problemas e na criatividade para enfrentá-los. E/ou na melhoria da qualidade de vida proveniente de conhecimento mais ampliado. Gostaria que a leitura realmente colaborasse na capacidade crítica e ensinasse o leitor a pensar e a enxergar a diversidade de modos de estar no mundo.*

Acredito que não é uma utopia, acredito que seja possível. Mas eu diria que se trata de uma educação com maior foco no aluno e abandonando o modelo escolástico ultrapassado em que nos prendemos até hoje (professor ativo e alunos passivos). A ideia é cobrar a iniciativa do aluno, para que ele estude os assuntos que são de seu interesse e que o professor atue como um orientador, ajudando a resolver dúvidas e direcionando o estudo, indicando como estudar, onde procurar material. Além disso, que as matérias conversem mais uma com a outra. Por exemplo, podemos ver muito de história na literatura e vice-versa. Promover a interdisciplinaridade é algo que ajudaria o aluno a criar conexões que seriam úteis em diversos outros momentos.

A escola ideal trabalharia exclusivamente com projetos, de maneira inter e transdisciplinar. Os alunos desenvolveriam atividades individuais e atividades em equipe, com a utilização das metodologias ativas de aprendizagem. Eles também teriam todo o suporte do governo para realizar seus momentos de estudos em casa. Os professores teriam dedicação exclusiva (com remuneração adequada) e teriam mais momentos para reuniões de planejamento das ações (algo muito difícil neste contexto em que professores trabalham em diversas escolas e estão sempre correndo de uma para outra, com pouco tempo para fazer o planejamento coletivo). Já que é para ser utópica e pensando na minha realidade de escola pública, dentro desse modelo, a escola teria toda estrutura para oferecer aos alunos e aos professores recursos e experiências enriquecedores, como espaços amplos, equipados e inclusivos (biblioteca, laboratórios, quadras, auditório etc.), verba para aquisição de materiais necessários e para visitações diversas. Os alunos também receberiam apoio emocional por meio de psicólogas e psicopedagogas.

Minha escola perfeita é uma escola com tempo. É uma escola em que os professores têm tempo para planejar, seja em conjunto com seus pares ou individualmente; têm tempo para avaliar seus alunos e, a partir dos resultados, fazer o planejamento. Tempo para ler, para estudar, para atender os alunos com mais dificuldades, sem precisar contratar professores de apoio. Tempo para atender também aqueles com altas habilidades, disponibilizando a eles novos desafios para que se tornem cada vez melhores, e não medíocres como acontece hoje. Tempo para conversar com os alunos, com as famílias, com a coordenação pedagógica. Tempo para pensar e implantar projetos inovadores, desafiadores e relevantes para os educandos. Que nenhum professor precisasse trabalhar 60 horas para sustentar sua família com o mínimo de dignidade. Uma escola em que os alunos sonhassem em ser professores.

Se eu pudesse reinventar minhas práticas pedagógicas, queria estar o mais próximo possível da natureza. Fala-se tanto em preservação ambiental, no ecossistema, isso tudo é uma consequência de nossas ações. Gostaria então que minha escola fosse mais aberta, sem tantas salas, um espaço mais amplo, com muito verde e lugares acolhedores, onde todos pudessem aprender, interagindo uns com os outros e desfrutando desse espaço terapêutico chamado natureza, trocando experiências e buscando juntos, professores e alunos, conteúdos essenciais para o desenvolvimento integral. Desenvolver habilidades, potencializar conhecimentos e colocar em prática essa aprendizagem de forma significativa tornaria nossa prática e nossa escola um lugar de acolhimento, de querer estar presente e de se sentir parte importante desse espaço. É preciso pensar numa escola mais humanizada.

Uma escola que atendesse de forma diferenciada às necessidades educacionais de cada aluno. Uma escola que pudesse realmente fazer a diferença na vida dos estudantes, principalmente aqueles que estão em situação de vulnerabilidade, marginalizados.

As aulas práticas poderiam ser reinventadas de forma que atendessem às demandas da sociedade, sim, mas com métodos válidos, que façam sentido e que realmente sejam usados pelos estudantes no futuro. Acompanhar a velocidade com que corre o mundo digital, trabalhar nisso, já que é algo que os tira tanto a atenção, voltar para o lado da educação dentro da sala de aula. Precisamos tratar de assuntos relevantes para a sociedade atual, pautas importantes. Poucas escolas têm ensino de Libras, Educação Financeira, Sexologia, Primeiros Socorros, Segurança Virtual, Relações

Interpessoais, entre vários outros que contribuiriam tanto para o desenvolvimento pessoal do jovem como para a evolução da sociedade. A escola é o lugar aonde todos eles vão, no intuito de aprender, aumentar seu potencial intelectual; e fazer isso de forma mais dinâmica e interessante traria às aulas um nível internacional.

Uma escola ideal, para mim, se afastaria consideravelmente da estrutura das aulas e dos espaços tradicionais, que ainda são predominantes nos colégios. A princípio, eu manteria a sala organizada em círculo ou semicírculo para as minhas aulas. Isso permite que os alunos participem de forma mais ativa, sendo este um espaço em que todos podem se olhar e se comunicar mais abertamente. Também haveria mais tempo para discussões e trabalho do tema por parte dos alunos, feitos em formato de trabalhos em grupo. Venho de uma formação escolar em que a tarefa do aluno era copiar o conteúdo da lousa e repeti-lo em provas. Depois de cursar a faculdade, vejo quão necessário é que o aluno seja protagonista, se aproprie do conteúdo trabalhado e participe ativamente; ele precisa ser atuante no próprio processo de conhecimento e "aprender a aprender", pois a escola deveria ser um espaço de formação (não apenas conteudista, mas também cidadã) e de estímulo à autonomia dos alunos que dela fazem parte. Em relação à avaliação, penso que seria interessante adotar um sistema no qual o aluno é avaliado por meio de diversas tarefas (que avaliam diferentes capacidades e formas de demonstrar o aprendizado) ao longo do bimestre/semestre, de forma que o processo do aluno e seu desenvolvimento sejam detalhadamente acompanhados. Isso permitiria uma avaliação e um feedback *mais personalizados e individualizados, e identificaria suas dificuldades e seus sucessos mais facilmente, pois não se reduziria a uma ou duas listas de exercícios que seguem sempre o mesmo padrão. No que diz respeito ao espaço da escola, acho importante que os alunos tenham área para salas de aula, laboratórios e diversas oficinas (teatro, xadrez, música, dança, marcenaria, culinária, jardinagem etc.), um jardim (onde aulas poderiam ser feitas para os diferentes anos escolares), quadras para prática de esportes etc. As atividades complementares devem ser diversificadas, para que os alunos encontrem atividades com as quais podem se identificar, e devem ser fortemente incentivadas, para que suas habilidades — para além do conteúdo curricular — sejam treinadas e desenvolvidas. Sinto que falta o estímulo para o afloramento da sensibilidade na experiência escolar dos alunos, o que os afasta de uma formação mais humanitária. Além disso, seriam oferecidas regularmente programações com palestras e aulas relacionadas a temas sociais (racismo, LGBTfobia, feminismo, educação sexual, violência etc.), que funcionariam como espaço de reflexão para os alunos, onde eles poderiam desenvolver trabalhos para conscientização da comunidade.*

O que posso fazer com meus poderes ou com a utopia? Se eu pudesse, destinaria muita verba da educação para promover a inclusão digital e a disseminação de conhecimento de qualidade. Nas escolas públicas haveria múltiplas equipes de trabalho, que verteriam suas práticas e carreira para desenvolver, com qualidade, processos educativos transformadores. Valorizaria os trabalhos múltiplos e diversos, perspectivas interdisciplinares, problemas contemporâneos, múltiplos fundamentos de ação humana e humanista, que preserve a vida e a constituição de sujeitos autônomos e vibrantes. Utopicamente, seria em todo o mundo.

Seria uma escola totalmente adaptada às tecnologias, na qual todos os estudantes, independentemente da classe social ou das condições econômicas, tivessem acesso a recursos tecnológicos como computadores, tablets e internet de boa qualidade. As aulas seriam dinâmicas, priorizando conteúdos essenciais, mas ministradas de maneira a atingir as reais necessidades dos educandos deste mundo globalizado. Uma escola com uso de aulas invertidas e ensino híbrido, tornando-se, assim, mais prazerosa e significativa.

Nas minhas práticas, trabalharia mais as competências socioemocionais, cada dia mais necessárias entre nossas crianças, adolescentes e jovens. Faria muitas aulas invertidas e trabalharia com os alunos em estações, dando a eles oportunidade de se expressarem, criando em sala um ambiente mais participativo, compartilhando saberes; ajudaria esses alunos a se expressarem melhor, fazendo que eles sejam protagonistas do seu aprendizado. Criaria mais oportunidade de ser trabalhado nas escolas o empreendedorismo aliado com o projeto de vida, aumentando e criando nos alunos autoestima e expectativa para o seu futuro, levando cada um deles a valorizar mais a educação. Na minha disciplina, que é a matemática, trabalharia mais com jogos, com laboratório de matemática. Valorizaria mais os professores da educação básica, que são importantíssimos. Criaria para eles e também para outros professores uma capacitação contínua de qualidade, para que possam inovar cada dia mais nas suas práticas pedagógicas. Investiria na infraestrutura das escolas com bons livros, materiais pedagógicos de qualidade e que ajudassem também na inclusão de alunos que precisam de apoio educacional. Criaria em cada escola uma rede de pais para que haja mais contato dos pais e responsáveis e participação na vida escolar de seus filhos. Implantaria nas escolas redes com internet de qualidade, principalmente nos meios rurais, para que os alunos tenham oportunidade de ampliar seus conhecimentos além da sala de aula. E remuneraria melhor os professores, além de fazer campanha para que eles sejam mais valorizados e respeitados como profissionais tão essenciais para a formação de uma sociedade mais ética.

Queria um laboratório que atendesse às minhas aulas práticas e que dispusesse de espaço físico bem amplo para que as aulas fossem bastante interessantes. Salas de aulas amplas com materiais disponíveis para o que eu quisesse. Minhas aulas seriam bem diversificadas, com metodologias ativas que levassem os estudantes ao mundo do conhecimento de forma prazerosa. Teríamos espaço para circular e realizar as atividades de forma bem livre, e eles seriam estudantes criativos, engajados, responsáveis, resilientes e empreendedores. Gostaria de trabalhar em uma única escola em tempo integral, onde eu tivesse tempo para planejar, organizar e realizar minhas atividades. Atender aos estudantes em grupos ou individualmente, conversar com as famílias. Ter tempo com meus colegas para, juntos, avaliarmos nossas práticas e inovarmos. Não correr contra o tempo; que minha relação escola-currículo- -estudantes fosse mais leve, com menos ansiedade. Uma escola com ambiência de sonhos e possibilidades, de aprendizagem e reflexão.

Bem, minha escola ideal seria em tempo integral, com equipes de profissionais específicos para cada escola, ou seja, cada professor trabalharia apenas em uma escola, e com uma remuneração bem melhor. Os profissionais das escolas teriam tempo para discutir juntos melhorias, projetos, ideias para melhorar a educação naquele ambiente escolar. As escolas teriam uma estrutura adequada para receber esses estudantes da melhor forma, com biblioteca, sala de jogos, auditório, refeitório, laboratórios de informática etc. Incluiria nas disciplinas educação financeira, projetos relacionados a robótica. As aulas seriam integradas ao mundo atual, ou seja, utilizando tecnologias audiovisuais, computadores, softwares, jogos eletrônicos etc. Teria também aulas de campo e visitações de acordo com o que se está estudando. Estímulo a competições nacionais e internacionais (olimpíadas).

A escola seria sem paredes, em grande parte, é claro. Queria que tivesse um grande pomar, horta e jardim e que estes fossem visitados e cuidados pelas crianças e suas professoras. Que pudéssemos nos sentar debaixo de uma árvore e contar histórias e ali mesmo encontrássemos frutas para saborear e descobrir mais sobre elas, como sementes e formas de cultivá-las. Que pudéssemos fazer balanços e brincar com folhas e galhos e que em todos os momentos fosse possível apresentar o conhecimento científico complexificando o que estava sendo experienciado e vivenciado. Que cada momento fosse realmente vivido sem as obrigações de se gerar um relatório ou um registro. Os documentos são importantes, mas não podem estar acima do verdadeiro significado do que está sendo objetivado por cada situação de aprendizagem.

Gostaria de poder trabalhar em ambientes mais amplos, mais abertos, que possibilitassem maior interação na realização das atividades. Trabalhar de forma mais prática, com materiais concretos, com o registro das atividades como parte do processo, e não como uma parte da escola burocrática. Com tempo para desenvolver projetos mais significativos, e não em uma corrida para vencer conteúdos. Gostaria que a avaliação pudesse ser mais fidedigna ao processo, respeitando o desenvolvimento das crianças, pois muitas vezes são necessárias muitas avaliações escritas e notas que não condizem com a aprendizagem nesse processo.

A minha escola seria inclusiva, onde, sem distinção, todos os alunos pudessem estudar. Os alunos teriam acesso, na escola, às TICs [Tecnologias da Informação e Comunicação], estariam em segurança. Os pais teriam que se responsabilizar com o compromisso de seus filhos estarem todos os dias nas salas de aula. Todos teriam um tablet *ou* notebook *para estudar, salas de laboratórios de robótica, de química, de física e todo o aparato necessário para que pudesse competir de igual para igual com qualquer escola de todo o Brasil.*

A escola ideal é aquela que oferece os instrumentos e conteúdos essenciais para uma aprendizagem de qualidade necessária para que os indivíduos possam desenvolver plenamente suas potencialidades, possam trabalhar com competência, viver com dignidade, participar plenamente do desenvolvimento, melhorar a qualidade de vida, também reinventar a educação, transformando conteúdos, métodos e relações nas escolas. Trazendo os temas transversais para o currículo, incorporando a pedagogia de projetos como metodologia prioritária e transformando o papel do professor em mediador do conhecimento em vez de transmissor. Na realidade, a escola deve ser um espaço prazeroso que, com o apoio da família, proporciona ao aluno uma formação integral para a vida... A educação é essencial para a formação integral do ser humano, para que então o aluno consiga viver em sociedade de forma autônoma, ética e responsável.

As escolas seriam realmente um treino para a vida em sociedade, seriam de fato um local de projetos de formação de cidadãos. As pessoas teriam oportunidades iguais de se emancipar, desenvolvendo saberes em questões teóricas e práticas, úteis para a vida em sociedade e para o cuidado de si. Não existiriam disciplinas como temos hoje, e sim projetos de aprendizado e desenvolvimento de aptidões, de socialização, de conscientização, de forma transdisciplinar. A educação seria voltada para a cidade e a justiça social, estética, laica, gratuita, de qualidade, mas ao mesmo tempo adaptada às especificidades locais e regionais. Dessa forma, o que as escolas NÃO seriam: locais de memorização morta de conteúdos, lugar de reprodução da estrutura social, locais feios etc.

Na nossa sociedade, precisamos de cidadãos que estejam aptos a solucionar problemas, a se adaptar às mudanças. E a exercer sua cidadania de forma plena. Eu me preocuparia menos com conteúdo — afinal, as informações estão cada vez mais acessíveis —, e mais em desenvolver uma maior capacidade de interpretação dos problemas e suas relações com variáveis relacionadas. A análise de dados e a proposição de soluções seriam fundamentais nas minhas aulas.

As práticas escolares que seriam infinitamente eficazes, neste pós-pandemia, são a valorização da diversidade dos povos pelo mundo, através de currículo flexibilizado, que contemple projetos *interdisciplinares nas escolas, ou seja, as disciplinas seriam reformuladas e adequadas para cada realidade escolar. Com tecnologias avançadas, computadores, tablets e diversos aparelhos tecnológicos, em que os alunos pudessem acessar diversas informações e, após esse acesso, ter diálogos com os professores mediadores e seus colegas, para que cada um chegue ao seu conhecimento e aprendizagem. Respeitar e valorizar a cultura dos povos e suas religiosidades, estabelecer projetos para debatermos todos os tipos de situações sociais e econômicas, no momento atual do país. Um currículo que abranja habilidades essenciais, mas que contemple o dia a dia desse aluno, com exemplos e fatos atuais, trazido pelos alunos, para construirmos uma aprendizagem efetiva, ou seja, através dos conhecimentos prévios da comunidade escolar, elaboramos práticas pedagógicas eficientes para cada tipo de público, uma liberdade para a construção de conhecimento e aprendizagem. Contudo, que os(as) alunos(as) das regiões periféricas do nosso país tenham acesso a todos os tipos de materiais tecnológicos e sociais, para sua transformação social, cultural e econômica.*

As narrativas dos desejos e projetos de vida dos educadores

Respondendo às perguntas: "Quais são os seus objetivos e planos para os próximos anos e para um futuro mais distante? Como você se sente em relação a eles?"; "Conte-nos sobre os seus projetos de vida, descrevendo com detalhes os seus pensamentos, sentimentos e ações a respeito deles".

Meus objetivos estão relacionados à minha formação. Quero estudar mais, fazer cursos que me ajudem a criar estratégias para ser a professora da escola ideal. Pois, nas poucas experiências que percebo no caminho da escola ideal, eu saio realizada e os alunos, satisfeitos, felizes. Este ano iniciei essa busca; quando abriu o curso Repensando o Currículo, na hora vi que era a oportunidade de dar o primeiro passo. Fiz o movimento na escola, convenci os colegas das diferentes áreas a participarem e consegui finalizar a formação na área de Linguagens. Queria muito fazer Projeto de Vida e, como um presente, abriu nova turma e, melhor, inscrição individual. A grande demanda em virtude da pandemia faz que muitos não consigam conciliar. Nos próximos anos, pretendo fazer curso de inglês e ingressar num mestrado. Iniciei tarde na educação... mas me sinto muito segura em relação a querer estudar. Sinto que preciso aumentar minha bagagem teórica, preciso de espaço de debate diferente, gosto de falar sobre educação, gosto de ouvir sobre educação, quero aprender! Ah! Vou me casar no próximo ano! Meu namorado é um grande incentivador, ele me motiva a estudar, me inspira e me faz ver sob uma ótica diferente em muitos momentos. Ele ouve minhas ideias para as aulas e ainda tem a tarefa de dar sugestões, palpites, para que eu possa ressignificá-las. Em relação ao meu projeto de formação, estou muito feliz de ter iniciado este ano! O primeiro curso foi uma experiência excelente, contribuiu muito para o meu fazer pedagógico e também para a ampliação da minha bagagem teórica. Agora estou na tentativa de embarcar em mais um! Para o mestrado, penso em, no próximo ano, buscar informações sobre cursos direcionados à educação nas universidades públicas. Caso não consiga, a ideia é iniciar com uma disciplina isolada na Universidade. O inglês é um projeto para o próximo ano, ainda não pensei se irei buscar auxílio em escola de idiomas ou se farei planos de estudo por minha conta utilizando as inúmeras possibilidades que a internet proporciona. Construir minha família é um sonho antigo, sempre pensei como seria quando esse dia chegasse! Estou ansiosa por ter o meu espaço e poder dividir com alguém que é tão especial para mim. Deixar a casa dos meus pais me deixa com o coração apertado, pois eles são minha maior riqueza. Mas estarei pertinho e pretendo fortalecer ainda mais esses laços.

Meu plano é cursar um mestrado, doutorado e com isso poder ajudar ao maior número de pessoas através dos meus exemplos. Um dia fui babá, no outro fui empregada doméstica, depois balconista, vendedora, secretária e hoje sou professora com muito orgulho, graças a Deus. Me formei em 1998 e só em 2010 me arrisquei a ministrar aulas porque eu sempre me preocupei em ser uma boa professora, porque iria trabalhar diretamente com vidas e vidas me importam. Minha mãe sempre nos incentivou a estudar e diz até hoje que só o estudo pode tirar uma pessoa da pobreza, seja ela material ou cultural. Espero que após essa pandemia e depois de tudo o que ainda vamos ter como consequências dela eu possa olhar pra trás e dizer: muito obrigada por tudo e por todos os meus alunos que me fizeram ser quem sou e chegar até aqui. Meu projeto de vida é mostrar a todos que vale a pena viver, embora possa parecer que o universo está conspirando contra você e que todos estão contra você, o segredo é continuar caminhando em frente e viver um dia de cada vez da forma mais sublime, sincera e grata. Eu acredito que projeto de vida é cada dia vivido como se fosse o último e dedicando amor naquilo que se faz.

Meu objetivo é ter mais conhecimento, me aprimorar na área de inclusão, pois é uma área na qual sinto muito prazer em trabalhar e acompanhar o desenvolvimento das crianças. É poder ajudar mais na evolução das crianças em fase de alfabetização, pois é gratificante acompanhar o resultado e a evolução. Realizar uma pós em inclusão, para ajudar no desenvolvimento das crianças com deficiência, isso me incentiva a buscar informações, entender como ocorre cada caso, como trabalhar em específico com cada criança. Essas crianças nos trazem muito aprendizado e nos ensinam a amar mais sem pedir nada em troca.

Quero passar em outro concurso e continuar atuando na profissão, tendo condições para comprar materiais para as aulas. Desejo ganhar dinheiro para ajudar a minha escola, para não dependermos de vereadores ou prefeito para fazer algum evento, nem termos que tirar do pouco que os professores ganham ou fazer bingos e rifas para os pais comprarem. Desejo, enfim, uma escola que tenha tudo, e não uma em que falta tudo.

Um dos meus objetivos era ser professora efetiva, pra poder dar continuidade a um trabalho que visa ao desenvolvimento dos alunos, pois na situação de celetistas ou contratados não temos essa oportunidade de dar continuidade a um bom trabalho. Ser concursada, tenho medo de não conseguir, pois o cenário que vivemos hoje é muito difícil, com a diminuição de concursos.

Para os próximos anos, desejo passar em um concurso e ter estabilidade financeira. Ser professor substituto não é fácil, somos tratados como "tapa buracos". Em um futuro mais distante, aproveitar os frutos do meu trabalho e viajar bastante. Queria poder ter estabilidade financeira, pois trabalho como professora substituta há bastante tempo, mas é um trabalho que, mesmo feito com amor e dedicação, não me trouxe estabilidade. Quero ser concursada e continuar fazendo meu trabalho da melhor maneira possível, com dedicação e compromisso. Espero que essa profissão seja valorizada.

Nos próximos anos, pretendo continuar na sala de aula, desenvolvendo projetos e lecionando. Hoje, penso em fazer isso pelo máximo de tempo que puder e me for permitido. Planos de conseguir um cargo efetivo e sair da instabilidade dos contratos temporários. Continuar sempre fazendo novas formações e me dedicar cada vez mais à profissão. Meu projeto de vida está diretamente ligado à carreira da docência como principal fonte de alegria e como uma forma de continuar aprendendo e estudando, o que é uma paixão. O próximo passo é conseguir certa estabilidade profissional que me permita investir e construir um ambiente seguro e de cuidado para os demais aspectos da vida.

Meu plano é estar cada vez mais engajado, preparado e consolidado como docente da educação básica. Para o futuro, penso estar como docente da educação superior, contribuindo com o meu conhecimento para a formação dos próximos educadores. Meu projeto de vida passa por estar na educação, área com que me identifico. AMO ser professor!

Quero fazer meu mestrado em Educação. E trabalhar na área de treinamento. Espero conseguir implementar um projeto de treinamento de modalidades esportivas na escola em que trabalho. Poder proporcionar aos alunos as experiências que tive quando era aluno/atleta.

Valorizar mais o ensino presencial. Aproveitar mais o que as crianças têm de bom, em especial o carinho e a sinceridade. Me sinto triste com o ensino remoto. Buscar novas formas de transmitir o conhecimento para as crianças. Criar estratégias para desenvolver novos projetos para melhorar as aulas e atrair mais as crianças. Elas merecem nossa dedicação depois desse momento pandêmico.

Meu objetivo é desenvolver junto com os jovens e a comunidade escolar um movimento artístico do comum urbano que ultrapasse os muros da escola e quebre as amarras do conformismo social, levando os jovens como protagonistas num processo de ruptura de muros invisíveis e dando a eles a autonomia e as ferramentas para essas transformações. Sinto que ainda não tenho as ferramentas necessárias para o desenvolvimento do projeto e nem o apoio total da comunidade escolar. Meus projetos são mostrar o poder transformador que a ARTE tem diante do processo de transformação do ser. Poder mostrar que ela e suas intervenções são capazes de derrubar fortalezas políticas de opressão social que levam o indivíduo à pobreza cultural, ao desconhecimento de si próprio, ao desaprender imagético e criativo. Temos estudos que mostram ao longo do tempo o salto que deram os homens e mulheres pré-históricos, que deixaram de ver suas sombras e passaram a construir informações com a arte nas paredes das cavernas.

Com tudo que já explanei e exemplifiquei na minha vida profissional, os meus objetivos serão cobrar muito mais das autoridades públicas um maior apoio à educação e a implementação de recursos para nossos alunos e escolas. Quanto aos meus planos, espero, se os objetivos forem alcançados, incentivar os meus alunos a seguirem a formação de magistério; essa profissão nunca deixará de existir, pois o mundo sem educação será um mundo de volta à Idade da Pedra. E um mundo sem professor será um colapso total para os aprendizados. Por isso, continuarei contribuindo para o sucesso da educação em todos os segmentos e elos. Trabalhar com "projetos de vida" dentro da escola é um complemento importante à personalização do ensino. Uma vez que você já sabe quem são os seus jovens, agora é preciso descobrir aonde eles querem chegar, para ajudá-los e orientá-los nesse caminho. O verdadeiro professor sempre tem a preocupação com o futuro dos seus alunos. O ensino não é momentâneo. Ele é gradual, e o aprendizado será absorvido também de forma gradual e usado nas oportunidades, quando surgirem. Portanto, eu nunca fui "dador de aulas". Entrar numa sala, dar aulas e registrar na caderneta que o assunto foi dado não significa que o professor ensinou. Significa que ele cumpriu o conteúdo. E os alunos? Aprenderam? Então é muito importante fazer essa reflexão e, além dela, buscar nos alunos seus anseios, seus desejos, e colocar sonhos em sua mente. Mostrar a eles que o mundo lá fora lhes pertencerá e que eles poderão ser alguém no futuro. Um professor, um médico, um advogado, um escritor, um engenheiro... enfim. Cada um será o que quiser ser.

Continuar em sala de aula e em demais projetos educacionais populares e gratuitos. Lutar pelo ensino público de qualidade. E sinto que estou me construindo nesse caminho. Já exerço a profissão e toco um cursinho popular. Não me vejo longe dos processos de educação. O meu projeto de vida é sempre estar organizado coletivamente pela educação e pela melhoria do trabalhador. Acho que o povo trabalhador do país tem muito a oferecer e muito mais a *receber por parte do sistema vigente. Me organizo na luta por esses objetivos, e a luta coletiva é sempre algo que gera sentimento de pertencimento, de força, abrange experiências.*

Meus objetivos são: instruir, capacitar e desenvolver o conhecimento dos meus alunos para viverem nessa sociedade corrupta, competitiva e exclusiva. Me sinto uma profissional capaz, que contribuiu para melhorar o futuro da nação brasileira. Continuar lutando por uma educação de qualidade. Encerrar a carreira, deixando um legado de compromisso e uma lembrança de trabalho exercido com êxito.

Hoje, meu maior objetivo e desejo é conseguir atingir todos os meus alunos, visto que muitos não têm acesso ao conteúdo pelos meios utilizados: grupo de WhatsApp, Padlet. E, mesmo oferecendo o material impresso, ainda não buscam. Para os próximos anos, promover a equidade no acesso à educação, pois a discrepância é muito grande. Infelizmente, não sei se conseguirei realizar. Não depende só de mim, da equipe escolar. Enquanto estiver na ativa, eu vou tentar, vou fazendo a minha parte. Hoje meu projeto de vida é me tornar uma pessoa melhor a cada dia. Leituras, estudos e trabalhos voluntários fazem parte de meus projetos. Já participamos do grupo de apoio aos Irmãos de rua, também fazemos parte do Ceia. A busca de viver e conviver bem com todos — família, amigos, colegas, vizinhos — é diária e nos leva a momentos de paz e tranquilidade que desejamos ampliar.

Poder influir cada vez mais positivamente na vida de alunos, poder estudar mais e quem sabe dirigir, ou ajudar a dirigir, um ambiente escolar. Penso que a construção de ambientes fora da lógica quadrada em que geralmente as escolas são postas é uma forma de desenvolver melhores ambientes de aprendizados e trocas. Seria muito bom poder participar da construção de espaços assim nas periferias da cidade, sobretudo onde moro e atuo.

Finalizar minha pós e realizar um mestrado, para levar a educação a crianças que ficam em hospitais de forma prazerosa. Pedagogia com mais amor, respeito e carinho, visando ao aprendizado da criança de forma individual. Trabalhar com a pedagogia e a psicopedagogia em hospitais. Para isso, realizei uma pós em Psicopedagogia Institucional e Clínica e estou finalizando uma pós em Pedagogia Hospitalar.

Continuar desenvolvendo meu trabalho com comprometimento, amor e respeito aos meus alunos, procurando sempre dar o meu melhor, contribuindo de forma positiva, e estar aberta a mudanças necessárias. Penso também e acredito muito num futuro de mais valorização ao profissional. Desenvolver sempre da melhor maneira possível o meu trabalho, com muito comprometimento, amor e respeito ao próximo; também, ser valorizada profissionalmente e financeiramente e me dedicar à minha vida pessoal, procurando realizar sonhos e objetivos; ter uma vida financeira equilibrada e priorizar momentos de alegrias e conquistas.

Meus objetivos são sempre estar em formação, trabalhar para que a educação seja vista como o futuro promissor de um adulto, fazer que percebam que sem estudo um país não terá desenvolvimento. Meu projeto de vida é ver crianças brincando, felizes e com famílias participantes.

Continuar exercendo minha profissão da melhor forma possível, sempre buscando ter mais qualidade e mais opções de como ensinar. Espero ter saúde e disposição para poder fazer novos cursos, estudar e me aperfeiçoar. Quero comprar uma casa, melhorar a qualidade de vida, poder viajar, ter momentos de lazer, ver meu filho crescer com muita saúde, estudando, se formando. Continuar trabalhando, me esforçando para fazer meu melhor. Poder ajudar as pessoas que precisam.

Pessoalmente, é manter minha vida do jeito que está, pois já é muito boa. Continuar de forma tranquila, assistindo meu futebol, comendo bem e estando em paz comigo mesmo. Profissionalmente, é tentar descobrir, ao longo dos anos, o que fazer para melhorar as minhas aulas e, com isso, impactar de forma positiva a vida dos alunos. Procuro ler e assistir algumas coisas na internet para melhorar minhas aulas e, por consequência, a educação.

Meu objetivo e plano é servir à nova geração, acrescentar em suas vidas experiências e potencial. Eu sinto que tenho um trabalho desafiador e que me motiva a fazer o melhor de mim. Como disse, é servir à nova geração. Minhas férias são dedicadas a fazer missões entre os indígenas, no estado de Mato Grosso.

Me atualizar e aprimorar cada vez mais os conhecimentos para atingir o maior número de educandos. Num futuro mais distante, aperfeiçoar meus conhecimentos nas novas tecnologias. Me sinto bastante esperançosa e com bastante interesse. Melhorar cada vez mais meu relacionamento interpessoal com os educandos, ter sempre um olhar clínico para detectar quais as reais necessidades de cada um deles e ser capaz de amenizar suas dificuldades e anseios.

Meus objetivos para os próximos anos são fazer um mestrado na área da educação, procurando me especializar para crescer em conhecimento e ser um melhor professor dia após dia. Desejo fazer grandes projetos e grandes aulas que venham a fazer a diferença na vida de cada aluno e de toda a comunidade, que possam envolver de tal forma que realmente venha a marcar vidas. Meu projeto de vida é terminar de pagar meu imóvel em médio prazo, me desenvolver profissionalmente e procurar ser cada vez melhor no que eu faço. Viajar, conhecer culturas diferentes.

Quero ser uma profissional melhor, com mais bagagem, mais experiência, com conteúdos melhores para meus alunos. Quero marcar positivamente a vida dos alunos e das pessoas que trabalham comigo. Não almejo cargos acima do meu, gosto muito do que faço dentro da sala de aula, e acredito que estou no caminho certo, estudando sempre. Quero conquistar uma casa própria e viver uma vida sem apertos financeiros. Ainda não consegui sair da casa dos meus pais, moro com meu filho e eles em uma casa confortável, com qualidade de vida, porém preciso do meu espaço, da minha privacidade, criar meus próprios costumes e hábitos.

Meus objetivos e planos vêm sendo em cima do momento em que estamos vivendo atualmente, por exemplo, como me reinventar a cada dia para atingir os objetivos propostos em relação à minha disciplina, não me esquecendo de cuidar do psicológico de nossas crianças diariamente. Meu projeto de vida, HOJE, é transmitir ao meu aluno a importância da atividade física, nesse momento de pandemia que estamos vivendo, onde o sedentarismo e a depressão estão aumentando a cada dia. Inclusive já foi comprovado cientificamente que a atividade física moderada aumenta a imunidade, ajudando no combate ao coronavírus.

Olhar para trás e ver que consegui contribuir para o futuro das crianças que passaram por mim. Ver que todo o meu esforço valeu a pena. Trabalhar da melhor forma na profissão que escolhi e pela qual me sinto privilegiada. Também, estar sempre cooperando para um mundo melhor.

Transmitir ainda mais meu conhecimento e proporcionar amadurecimento para mais e mais crianças. Me sinto feliz e empolgada por fazer, mesmo que de forma simples, a diferença na vida dos meus pequenos. Desejo fazer mais e mais formações, tanto para ajudar os meus alunos como para me realizar profissionalmente.

Meus planos são cada vez mais evoluir, aprender, aprender a transferir o conhecimento da maneira mais eficaz possível, ver que meus alunos estão evoluindo, contribuir para a construção de futuros cidadãos. Por isso, em minhas aulas, procuro transmitir não só conteúdos, mas valores, experiências, provocar neles a curiosidade de ir além, de buscar novas fontes de conhecimento, fazer que eles compreendam que o conhecimento é construído todos os dias.

Cada vez mais me apropriar do conhecimento, ser uma profissional que realmente faça a diferença na vida das pessoas. Assim, posso me realizar e ajudar o outro também a buscar seu caminho com determinação, responsabilidade e competência. Cuidar bem dos meus filhos e da minha família, sempre com pensamento positivo, serenidade. Continuar batalhando para ser uma profissional de excelência.

Melhorar cada vez mais no processo de ensino-aprendizagem. Desejo me tornar uma professora excelente para tornar meus alunos excelentes em sua forma de aprender. Desejo ser professora enquanto estiver com vida. Quero que a educação em meu município seja excelente e que se torne uma das melhores do país. Para isso, quero me qualificar ainda mais para contribuir com esse sucesso. Quero viver para que a nossa educação seja uma realidade e não apenas um sonho.

Tenho grande interesse em realizar um mestrado profissional com a finalidade de pensar uma escola para todos; pensar em diversificação de estratégias para que a escola seja realmente inclusiva. Meu projeto de vida no âmbito profissional é investir na minha formação continuada. Pensar num projeto de escola para todos sempre me motiva a pensar e estudar temas sobre a filosofia da diferença. Gosto de pensar sobre como ajudar a escola a se transformar num espaço inclusivo.

Pensar e escrever algo sobre o futuro ainda é incerto para mim, mas penso que a educação especial precisa de mudanças significativas. Gosto de colaborar para o aprendizado daqueles que têm dificuldade; me identifico com essa área e penso sempre em melhorar a minha metodologia de trabalho para ser mais significativo para os estudantes.

Quero voltar para a sala de aula e tentar aplicar várias coisas que conheci durante a pandemia. Continuar minha formação. Estou no mestrado e meu plano é fazer desse processo um aprendizado que eu consiga aplicar no meu trabalho. Tenho um pouco de ansiedade de voltar para a sala de aula. Com relação ao mestrado, a expectativa é de conseguir tornar meu trabalho melhor. Meu mestrado está começando e estou muito empolgada com isso. É minha prioridade no momento. Minha família não tinha tradição em formação superior, então a graduação já tinha sido uma grande conquista. O mestrado não passava de um sonho distante. Passei. Fiquei muito tempo longe da universidade e essa oportunidade foi uma felicidade muito grande. É claro que quero fazer algumas reformas na minha casa, trocar de carro, viajar e outras coisas assim. Mas sinceramente estou bem nesse momento com relação a isso; é um processo que virá. Além do mais, vivemos um período político e econômico tão conturbado que estou com medo de fazer qualquer plano financeiro.

Já com 28 anos de magistério, ainda tenho muito fôlego e desejo contribuir mais. Não posso me aposentar em função da idade, e nem é meu desejo no momento. Tenho planos de criar um espaço mais envolvente para o ensino de ciências, um clube de ciências no contraturno ou algo parecido. Temos desejo do espaço de robótica. Ano passado criamos um grupo de estudos com professores e desejamos retomar os estudos e as trocas de experiências. Um grupo de estudos de livre adesão. Participa quem acredita e deseja fazer a diferença. Para um futuro mais próximo, iniciar um projeto para formação de professores. Uma formação com espaço de voz e escuta. O professor precisa ser ouvido; escutando o outro, compartilhamos e aprendemos juntos. Para um futuro mais distante, paz no coração com a sensação de dever cumprido, de ter oferecido a minha contribuição para a sociedade. Realizar mais trabalhos sociais, estar mais presente nas questões espirituais e curtir mais ainda minha família. Já escrevi algumas coisas ao longo da entrevista. Meus projetos de vida estão todos relacionados a realizações dos meus desejos, sejam a curto, médio ou longo prazo. Tudo que planejo, pretendo executar tendo sempre em vista uma saúde mental, física e espiritual. Conseguir meditar... preciso tranquilizar a minha mente. Ela vive ligada no 220.

Meu objetivo é entrar num mestrado em Educação para aprender métodos e meios de educação que melhorem minha docência. Gostaria muito de fazer cursos voltados para técnicas e conteúdos do meu componente curricular, práticos e presenciais. Gostaria de poder levar meus alunos para cursos e eventos também. Eu acredito que é possível realizar todos, inclusive sempre estou pensando em maneiras de realizá-los e planejo fazê-los com o tempo certo e organização. Profissional: sempre foi minha meta fazer mestrado, gosto muito de pesquisa, só não realizei ainda por questões pessoais. Além da educação, também dedico meu tempo à realização de projetos diversos, mas que contribuem para a minha docência. Pessoal: ainda pretendo fazer viagens para conhecer outros lugares e culturas do mundo. Espero que minha família possa compartilhar junto dessa experiência.

Os planos são complementar minha licenciatura com uma pós ou, quem sabe, uma segunda licenciatura. Estudar, para que eu consiga melhorar cada vez mais dentro da sala de aula.

Continuar estudando e trabalhando. Me sinto inquieta, com vontade de pôr em prática tudo que aprendo com meus alunos. Um dos meus projetos está acontecendo, estou cursando mestrado e almejo muito um doutorado.

Sou uma estudante, busco realmente desenvolver meu trabalho da melhor maneira possível. Quero concluir meu mestrado e fazer o doutorado. Todos da educação sabem o quanto é difícil ser professor, não dá para trabalharmos um turno, não dá, ganhamos pouco. Para poder ter uma renda um pouquinho melhor, me sujeitei a trabalhar os três turnos. Como falei anteriormente, sou estudante do mestrado, realmente não está nada fácil, tenho trabalhado muito e feito das noites, dias. Meu sentimento é pensar que futuramente estarei colhendo os frutos do meu trabalho e esforço. Acredito muito que será uma conquista. Sou filha de escola pública e isso faz que eu me sinta muito mais orgulhosa, sei que sou a única da família que conseguiu chegar até aqui. Também, conto para os meus alunos a minha história e mostro a eles que nada vem sem esforço.

Quero continuar estudando e aprendendo. Quero ingressar no mestrado, aprender, entender e achar caminhos para ensinar melhor os conteúdos científicos.

Quero buscar realizar mais cursos para aprimorar meus conhecimentos e assim realizar uma boa transmissão de conhecimentos aos meus alunos. Quero realizar meus sonhos com a ajuda de Deus sempre.

Poder me desenvolver ainda mais como excelente profissional e assim conseguir ajudar muitos. Estou trilhando o caminho, um degrau de cada vez, e acho que estou indo bem. Recentemente, fiz uma especialização em Neuropsicopedagogia e estou amando ajudar outros a se desenvolver. É uma felicidade imensa.

Quero fazer meu doutorado. Quero enveredar na EaD. Quero ser cada vez mais uma professora que inspira pessoas e não uma professora conteudista, meramente cognitiva e classificatória. Eu sou professora e pesquisadora. Adoro essa união de teoria e prática. Adoro ouvir os pares, ir a congressos, publicar trabalhos, conhecer culturas e pessoas novas, novas experiências profissionais...

Tenho o desejo de me capacitar profissionalmente, cada vez mais, buscar novos saberes, fazer uma nova graduação, criar um curso voltado para a capacitação de pessoas excluídas na comunidade onde moro. Quero me qualificar cada vez mais, quero ter uma vida cada vez melhor para mim, para minha família e para toda a sociedade, busco trabalhar a questão do respeito a todas e todos.

Meu objetivo é sempre melhorar na minha profissão. Eu sempre busco melhorias e é isso que me dá forças para continuar. Buscar uma educação de qualidade para os meus alunos e os meus filhos. Acredito que o que eu quero para meus filhos eu também quero para meus alunos. E sem dúvida o que eu quero para eles é educação de qualidade.

·····

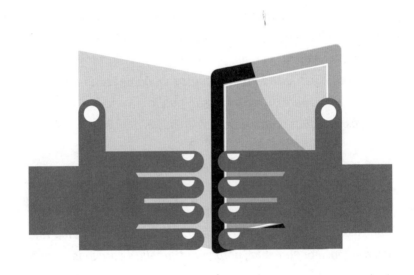

5

OS SONHOS DOS DOCENTES, SEUS DESAFIOS E POSSIBILIDADES

[...] tenho em mim todos os sonhos do mundo.
Álvaro de Campos

HOJE EU ACORDEI COM alto astral, pois é um dia especial no Brasil. Um novo governo assume no país e, também, nos estados, com novas promessas (mais uma vez) de investimentos na educação, visando a sua melhoria e a maior qualidade. Embora esteja desiludida com as eternas promessas políticas dos governos municipais, estaduais e federal de priorizar a educação, que nunca se realizam, tenho sempre uma ponta de esperança de que algo mude, como ocorreu na minha cidade. Esse meu eterno otimismo, um espírito de Poliana, às vezes incomoda. Mas ele é genuíno e me impulsiona a seguir acreditando no sonho de uma escola inclusiva, democrática e significativa para todos.

No entanto, desde que tive minhas primeiras experiências políticas, aos 14 anos, no grêmio estudantil da minha escola, acompanho o descaso da sociedade e da política com a educação pública no Brasil. Um bom exemplo são pesquisas de opinião feitas por institutos como o Datafolha sobre os problemas estruturais do país. Eu nunca vi a educação ser apontada como o principal ou, pelo menos, um dos principais desafios a serem enfrentados na opinião da população brasileira. A última pesquisa que vi, de 2021, colocava a educação como quinta prioridade. Claro que isso sinaliza aos políticos que educação e ciência não precisam ser uma prioridade real. Fala-se muito sobre o tema nas campanhas eleitorais, mas em geral tudo segue como sempre.

Uma consequência que emerge desse descaso está identificada em um estudo da Organização para a Cooperação e Desenvolvimento Econômico (OCDE), que mostra que entre 2006 e 2015 a taxa de adolescentes brasileiros de 15 anos que querem seguir a carreira docente caiu de aproximadamente 7,5% para 2,4%. Em outros países da OCDE, em 2015 essa taxa era quase o dobro (4,2%). Falta de reconhecimento social, baixos salários, violência, indisciplina, falta de apoio familiar aos alunos e jornada de trabalho estressante são algumas das razões que contribuem para esses resultados. E merecem reflexão: na minha opinião, fatores como os citados refletem a pouca valorização da educação, fazendo que a profissão docente não seja atrativa para os jovens.

Existe, no entanto, outra razão bastante relevante que me incomoda há tempos, fomentando descrença em possibilidades de mudanças reais: a culpabilização dos professores pelos problemas na educação. Vejo que isso impacta a classe docente como um todo e desanima os jovens de escolherem essa profissão.

Com base no que já estudei sobre o assunto, entendo que esse processo de culpabilização tem início nos anos de 1980, quando a perspectiva neoliberal de eficiência passou a ser hegemônica na educação, de mãos dadas com as novas necessidades do capitalismo, que demandava uma força de trabalho mais educada intelectualmente para dar conta das tecnologias em desenvolvimento e da automação dos processos produtivos inerentes às chamadas indústria 3.0 e 4.0, *web* 1.0, 2.0 e 3.0, sociedade da informação etc. A educação começou, então, a ser pautada por economistas, engenheiros e sociólogos, com uso de suas ferramentas, já testadas em outras áreas da sociedade, para medir eficiência e calcular resultados. Como consequência, os gestores "tradicionais" foram relegados a um papel secundário, de executores de planejamentos das políticas públicas baseadas em dados socioeconômicos, e, nas salas de aula, os educadores tornaram-se meros reprodutores de livros didáticos e apostilas.

Algumas dessas ferramentas de inspiração neoliberal, desenvolvidas no mundo empresarial e trazidas para o mundo da educação, por apostarem na primazia da individualidade humana sobre o coletivo, são de concepção bastante simples e de alta eficiência: instrumentos de avaliação individual aplicados na ponta dos sistemas educacionais para medir os mais diversos indicadores e tipos de conhecimento.

Em geral, para se construírem imagens pontuais de aprendizagem, esses instrumentos são compostos por testes de múltipla escolha sobre conhecimentos específicos, e são aplicados nos estudantes (a ponta do sistema educativo) para avaliar suas habilidades e competências. Os resultados permitem perceber de forma numérica se os objetivos e metas definidos pelos gestores foram atingidos. Junto com o número de estudantes aprovados no ano, calcula-se se a escola atinge determinado "número mágico", definindo se ela é boa ou não. O mais impressionante, no entanto, é que essas imagens ou quadros momentâneos (sim, estou exemplificando com o Índice de Desenvolvimento da Educação Básica — Ideb) passaram a ser compreendidos como indicadores de qualidade na educação, e isso tem significados profundos que muita gente não percebe.

A concepção desse modelo avaliativo é bastante simples, e sua implementação, incrivelmente eficiente e assustadoramente perversa para com os professores. A partir de currículos predeterminados de forma centralizada pelas elites sociopolíticas e econômicas, em atendimento a seus interesses específicos, testam-se os alunos para ver se aprenderam o que foi preestabelecido de "cima para baixo". Se os resultados e seus indicadores não forem os esperados, a responsabilidade e a culpa do fracasso recaem então sobre os professores que não estão sabendo ensinar o currículo que lhes foi entregue para execução. Existem ideias até mais estranhas promovidas pelos "estrangeiros" na educação, de que a frequência dos estudantes auxilia a definir se o professor é bom ou não, independente de inúmeras variáveis que podem impactar esse dado e envolvem até, é claro, a família. É assustador!

Seguindo a explicitação dessa lógica, ao se tornarem públicos os resultados que sintetizam as notas dos alunos nos testes e nas avaliações, consolida-se a culpabilização dos docentes responsáveis pelas turmas em caso de fracasso, e abrem-se caminhos para punições, inclusive subjetivas, quando é feita a exposição pública dos dados para famílias, colegas e gestores. Nesse quadro eficiente e perverso, o poder público pode abrir mão ou diminuir o apoio e o investimento na formação continuada dos professores. Isso porque, seguindo a lógica de um sistema neoliberal com origem empresarial, acredita-se na "força do mercado", que promove a autorregulação de seus membros por meio da concorrência, dos conflitos controlados, induzidos e regulados. Assim, pressupõe-se que o desenvolvimento é com participação mínima ou nenhuma do Estado.

Como funciona? Pela força do olhar do outro e da sociedade sobre o professor. Nas escolas, a divulgação dos *rankings* exerce o papel de indução da autorregulação, fazendo que os professores e gestores locais busquem formas de melhorar seu desempenho pessoal e o funcionamento da escola para não ser punidos de forma objetiva ou subjetiva, ou mesmo para ganhar recompensas. Essa concepção é muito eficiente do ponto de vista econômico, pois o Estado pode se eximir de responsabilidades e reduzir gastos com a formação docente, e deixa os indivíduos na berlinda e no holofote, passando vergonha e sentindo culpa. Também é muito eficiente do ponto de vista psicológico. Por isso, essa visão se tornou dominante na gestão educacional e os especialistas nessa perspectiva assumiram o poder na educação.

Resumindo: os docentes mal avaliados porque seus alunos não aprenderam o que foi determinado nas altas esferas da educação precisam correr atrás de formação profissional por conta própria para não ser expostos publicamente ou se sentir incompetentes. O poder público e seus gestores se eximem de responsabilidades específicas. Variáveis que podem ter impacto na aprendizagem de um estudante, como condições psíquico--cognitivas anteriores, nutrição, estrutura familiar, infraestrutura da escola e da comunidade, salários dos docentes, condições de trabalho, vulnerabilidades locais, diferenças culturais e tantas outras, nada disso é relevante. Os culpados são os professores e, subsidiariamente, as faculdades que os formaram.

Tudo isso é muito perverso, no meu ponto de vista. E falo como conhecedora da causa, porque já fui responsabilizada inúmeras vezes por situações de lacunas de aprendizagem em meus estudantes quando, nitidamente, eu não era a responsável. Pelo contrário, me considerava vitoriosa. Quantos alunos recebi em sala de aula destroçados por uma vida de absoluta vulnerabilidade pessoal, familiar e social, e consegui que começassem a construir sua autoestima, seus projetos de vida, e a ter condições mínimas para aprender e entender o universo especial da escolarização. Quantas vezes, ao encerrar um ano, me emocionei com alunos que antes nem conseguiam ficar sentados numa cadeira agora lendo livros, trocando ideias com colegas, concluindo projetos, vendo sentido na vida e até mesmo acreditando que poderiam construir um futuro diferente daquele miserável para o qual se sentiam predeterminados! Essa realidade é muito presente na Graciliano Ramos, me inspira e me dá um sentido na vida.

Mas em avaliações como as do Sistema de Avaliação da Educação Básica (Saeb), a Prova Brasil e o Enem, entre outras, nada disso é considerado. Eu era responsabilizada porque, em média, meus alunos vindos de situações de vulnerabilidade não atingiram o tal "número mágico" que algum economista ou burocrata, que jamais frequentou uma sala de aula de escola pública brasileira, determinou lá da sua sala acarpetada em Washington, Bruxelas, Brasília ou na Avenida Paulista. Há um equívoco profundo nessa situação, ou na lógica em que está estruturada, e não é à toa que os países periféricos, como o Brasil, sempre estão na rabeira dos indicadores internacionais.

Vou confessar uma coisa a vocês. Apesar da preguiça de responder a pesquisas, sabem o que me motivou a clicar no *link* que o NAP/USP enviou ao meu *e-mail*? Eu pensei: será que alguém quer de fato saber a minha opinião sobre a escola, sobre como ela deveria ser? Sobre como deveria ser o seu currículo, a sua organização, as relações com os alunos e com a família? Concluí que valia a pena arriscar, pois me pareceu que era mesmo para me ouvir, e não mais uma pesquisa para me avaliar, ou uma assembleia política para levar a outras esferas dizendo o que nós, professores, pensamos.

Ao ver essa intenção real no questionário *on-line*, com perguntas dissertativas em vez de múltiplas escolhas, decidi dar o passo seguinte e procurar os responsáveis pelas pesquisas para saber mais sobre elas. Afinal, naquelas linhas disponíveis no formulário eu era livre para dizer o que de fato pensava e expor as minhas experiências na sala de aula, de forma anônima, sem medo de ser identificada por gestores ou colegas. E imaginei que outros professores de todo o Brasil teriam feito o mesmo. Seria interessante ver isso concretizado. A lógica é a da democracia participativa, e não a da representativa.

Passados esses dois anos de experiência no NAP/USP e rumando ao meu mestrado, tenho a nítida percepção de que as políticas públicas de educação no Brasil (não conheço as de outros países) se esquecem de ouvir aqueles que estão na sala de aula, relegando a voz exatamente daqueles que serão, em última instância, os responsáveis pela sua implementação nas escolas de todo o país: os docentes. Esse modelo não tem como dar certo.

Quem acompanha o cotidiano das escolas conhece a nossa queixa recorrente de que as mudanças educacionais são impostas de "cima para baixo", de forma autoritária, de que chegam em pacotes prontos que não consideram a realidade das salas de aula, dos estudantes de "carne e osso" que as frequentam e dos professores que lutam cotidianamente contra falta de reconhecimento social, baixos salários, violência, indisciplina, falta de apoio familiar aos alunos, jornadas de trabalho estressantes e muito mais. Para mim, a grande questão é que políticas públicas pautadas apenas em indicadores socioeconômicos, em *rankings* ou no desempenho dos estudantes em avaliações padronizadas e descontextualizadas, que homogeneízam a realidade diversa do mundo, são equivocadas e têm como objetivo (mesmo que muitas vezes não consciente) culpabilizar pelo fracasso escolar a parte frágil do sistema educativo: docentes e estudantes.

O fato é que essa falta de diálogo dentro do mundo da educação, entre os formuladores de políticas públicas e o corpo docente, acaba gerando resistências por parte dos professores, que questionam a sua eficácia por vários motivos: em geral, não se adequam à realidade de seus alunos e das comunidades em que atuam, nem às suas próprias condições de trabalho e formação. Essa falta de diálogo ou de flexibilidade das políticas impostas é o que impede que as políticas idealizadas nos gabinetes ou em culturas diversas cheguem às nossas salas de aula. No fundo, nós não nos sentimos parte do processo. Não nos sentindo partícipes e, ao mesmo tempo, inconformados com a falta de autonomia pedagógica e dos tempos escolares necessários a cada situação, muitos de nós preferimos ignorar ou mesmo boicotar qualquer programa proposto pelas secretarias de educação.

Querem saber o que penso sobre a inflexão que esses gestores, formuladores de políticas públicas e seus patrocinadores deveriam fazer? Por que será que os indicadores educacionais no Brasil não se movem efetivamente de forma positiva mesmo com essa visão neoliberal dominando o mundo da educação nas últimas décadas, a despeito de suas promessas, congressos e seminários cheios de sábios nacionais e estrangeiros, gráficos e explicações socioeconômicas? Será que os professores e alunos brasileiros são tão incompetentes e descompromissados assim que não conseguem virar esse quadro? Tem algo de errado nessa lógica.

Na minha simplicidade de professora de escola pública desse nosso vasto, diverso e complexo país, arrisco dizer que, do topo de seus altos salários, arrogância e poder, muitas dessas pessoas ainda não conseguiram entender que educação não é empresa e nunca estará a serviço exclusivo dos projetos e interesses das elites dominantes, pois a sua essência é a diversidade e a empatia. Educação é muito mais do que resultados e indicadores. Esses formuladores ainda não entenderam que a educação é feita de pessoas, relações humanas, política, sentidos, interações, confiança entre docentes e discentes, culturas, alegria, olhares e cumplicidades, amor, generosidade, paixão e muito mais, que não é possível de ser captado por nenhum teste, indicador matemático ou socioeconômico.

Os resultados positivos nos indicadores educacionais virão algum dia quando se entender que devem ser a consequência de políticas públicas dedicadas a apoiar aqueles que de fato estão nas salas de aula: professores e alunos, considerando seus sonhos, desejos e necessidades. Não como números, estatísticas — característicos das visões epidemiológicas —, mas como seres humanos, sujeitos de direitos e deveres, coprodutores de conhecimentos e sentimentos.

É claro que coletar dados socioeconômicos e sobre aprendizagens é essencial para o avanço da educação e da sociedade que preza a ciência como paradigma de justiça social e democracia.

A realização de censos populacionais é um bom exemplo da relevância desse tipo de trabalho. Assim, as críticas que faço não devem ser entendidas como tentativa de negar o papel da ciência e das diversas áreas de conhecimento que podem contribuir para a melhoria da qualidade da educação. Muito pelo contrário. O ponto central da crítica é que as metodologias quantitativas, que desumanizam o ato de educar e formar cidadãos e cidadãs, devem ser empregadas e compreendidas não como a finalidade do processo e sim como meio para se compreender a educação e seus principais atores, apoiando-os, e não os julgando. No caso do censo populacional, por exemplo, as pessoas identificadas em situação de vulnerabilidade não são responsabilizadas por sua situação, mas a sua identificação em determinados locais ajuda a construir políticas de enfrentamento das causas e a buscar soluções e melhorias. Penso que assim deveriam ser idealizadas as avaliações externas na educação.

Entendo que mudar o paradigma de leitura da realidade educacional é essencial, a fim de que a ciência seja compreendida em sua complexidade, ideologias e nuances.

Gosto de metáforas, e tenho a impressão de que a sociedade vem colocando óculos de correção para miopia para enxergar melhor a realidade educacional e não identificou que o problema pode ser de astigmatismo, o que exigiria outra forma de intervenção. Ou seja, um diagnóstico errado a partir de ideologias enviesadas leva a soluções equivocadas. Assim, empregar mapas, indicadores, testes e *rankings* calibrados para medir o grau de miopia acaba por gerar propostas de intervenção ou correção que não melhoram a visão dos pacientes astigmáticos, como estamos vendo nas últimas décadas.

Quando for feito o diagnóstico adequado, observando que a essência da educação são as relações que se estabelecem entre as pessoas que convivem nas escolas, e forem criados instrumentos de incentivo de vários níveis para transformar e apoiar essa realidade e aqueles que ali estão, poderemos construir políticas públicas eficientes, mais humanizadas e éticas. Os mapas e indicadores mostrarão dados diferentes e mais complexos, nos quais professores e alunos, em vez de ser culpabilizados pelos fracassos, figurarão como os principais responsáveis pela transformação da educação — partícipes e parceiros na coconstrução de uma escola prazerosa e de excelência. Uma escola de sonhos e desejos, com profissionais que têm a educação como central em seus projetos de vida.

Com exceções óbvias, pois o mundo é diverso, a maioria dos professores é comprometida com a profissão. As pesquisas que apresentei antes, feitas pelo NAP/USP, mostram isso de maneira translúcida. Arrisco dizer, também, que a grande maioria dos alunos quer aprender e gosta de ir à escola, nem que seja para se alimentar e conviver com os amigos (querem coisa mais importante na vida do que as amizades que são construídas na escola?). Então faço a pergunta: será que a escola dos sonhos que eu descrevi, sendo construída na EMEF Graciliano Ramos e em tantas outras Brasil afora, não produzirá indicadores positivos de aprendizagem, pertencimento e construção da cidadania ativa? Estou convicta de que sim. Mas essa mudança não será decorrente de pressões que desumanizam a educação. Isso é o que ocorria na Graciliano antes, sem resultados. Os mesmos docentes e estudantes serão capazes de produzir resultados qualitativamente melhores, tenho certeza, com condições e infraestrutura adequadas a uma educação de qualidade.

Segundo li em fontes confiáveis de informação, foi assim que alguns países, como a Finlândia e Singapura, mudaram de fato a sua qualidade educativa. Os indicadores daqueles países, tão decantados hoje em dia, mostram essa realidade, construída no tecido social daquelas sociedades, que valorizam a educação efetivamente, e não apenas em períodos eleitorais. Não foram os indicadores que provocaram a melhoria do sistema finlandês, por exemplo, e sim os professores, com o apoio social que receberam para educar as novas gerações. Os indicadores cumprem seu papel de constatar e dar subsídios corretos para entender o que ocorre no seio da sociedade. É claro que isso se reflete nas salas de aula, na aprendizagem dos alunos e nas políticas públicas educacionais, com professores recebendo remuneração equivalente à de um médico, e os indicadores acabam por captar essa imagem que coloca aquela sociedade no topo da educação mundial.

Outro exemplo que demonstra como a sociedade finlandesa percebe o papel central da educação — e, em consonância, como os professores membros dessa cultura assumem suas responsabilidades e deveres — foi a criação do "Juramento de Comenius" pelo Sindicato dos Professores da Finlândia. Como o site do sindicato aponta, o Juramento de Comenius é uma diretriz ética que apoia o trabalho dos professores e serve como um lembrete de que a ética, a excelência e o engajamento são as bases da profissão docente. O juramento pode ser comparado ao Juramento de Hipócrates para médicos e ao Juramento de Arquimedes para engenheiros.

Numa tradução que fiz com a ajuda da Juliana, a professora de inglês, esse juramento, que deve ser assumido por todos os professores finlandeses, diz o seguinte:

JURAMENTO DE COMENIUS

Como docente, me empenho em educar a próxima geração, que é uma das tarefas humanas mais importantes. Meu objetivo será renovar e transmitir a reserva existente de conhecimento, cultura e habilidades humanas.

Comprometo-me a agir com justiça e imparcialidade em tudo que faço e a promover o desenvolvimento de meus alunos e alunas, para que cada indivíduo cresça como um ser humano completo, de acordo com suas aptidões e talentos. Também me esforçarei para ajudar pais, tutores e outros responsáveis por trabalhar com crianças, adolescentes e jovens no desempenho de suas funções educacionais.

Não revelarei informações que me forem comunicadas de forma confidencial e respeitarei a privacidade de crianças, adolescentes e jovens. Também protegerei sua inviolabilidade física e psicológica.

Eu me empenharei em proteger as crianças, adolescentes e jovens sob meus cuidados da exploração política e econômica e defenderei o direito de cada indivíduo de desenvolver suas próprias convicções políticas e religiosas.

Farei esforços contínuos para manter e desenvolver minhas habilidades profissionais, comprometendo-me a me dedicar aos objetivos comuns da minha profissão e a apoiar meus colegas em seu trabalho. Defenderei os interesses da comunidade e me esforçarei para que a profissão docente seja valorizada, admirada e respeitada.

É um documento curto, simples e inspirador para qualquer educador, não acham? Ele resume um dos meus sonhos: ter a docência como uma profissão pautada em princípios de excelência, ética e compromisso público, e com reconhecimento social semelhante às profissões de maior prestígio social, como a medicina e as engenharias.

Enfim, esse foi apenas um exemplo que eu quis trazer para mostrar as possíveis consequências de uma sociedade cujo tecido social entende o papel da educação e dos profissionais que dela se ocupam como elementos centrais para o desenvolvimento social. Os próprios professores passaram a entender esse papel e eles próprios, como membros ativos da sociedade, criaram um lindo código de conduta como esse, para embasar sua prática e ética profissional. Acho isso muito bonito.

Alguma dúvida de que esse movimento vai impactar a economia daquele país e, também, seus indicadores educativos? Um caso como esse é um sonho para o nosso país, não acham? Ah, Shakespeare: "Somos feitos da mesma matéria que os sonhos". Eu vivo esse sonho, junto de milhares de colegas de profissão, e ele é a minha essência, o meu projeto de vida.

Por isso me engajei de corpo e alma nessas pesquisas do NAP/USP. Acredito na perspectiva que eles defendem, de que compreender o professor, seus desejos, sonhos, necessidades e projetos de vida é um passo importante para iniciar qualquer trabalho relevante que pretenda promover uma educação de qualidade. Acredito que assim será possível desenhar propostas de desenvolvimento profissional que impactem efetivamente as salas de aula. Em resumo, o que penso é que nenhuma política pública será eficiente e efetivamente implementada se não levar em consideração os desejos, sonhos e necessidades dos docentes, e também dos estudantes. Ouvi-los e refletir sobre o que pensam, sentem e fazem é um dos caminhos para a construção desse sonho. É claro que há outros caminhos paralelos, de natureza sociopolítica, econômica e cultural, mas nada disso terá eficiência sem a participação efetiva dos profissionais da educação.

Um passo importante nessa direção está no desenvolvimento de mais pesquisas como a descrita no terceiro capítulo, "O professor da escola pública brasileira: seus desejos e projetos de vida". A voz dos 2.000 professores de todo o país que foram ouvidos diz, de forma estrondosa, que os professores no Brasil são comprometidos com a profissão. Esse é um dado maravilhoso, de esperança, que precisa ser ouvido por políticos, famílias e gestores, pois contradiz boa parte das matérias que circulam na mídia desqualificando os educadores brasileiros e suas competências. E muito mais há para se ouvir.

Nessa pesquisa, o primeiro resultado significativo encontrado que vale a pena recuperar aqui foi que, de maneira geral, 83% dos docentes brasileiros entrevistados expressaram ter a educação como central em seus projetos de vida. Esse dado me parece relevante, pois enuncia que a grande maioria das pessoas que estão atuando como professores de escolas públicas no Brasil o fazem de forma consciente, a partir de uma escolha pessoal, mas também profissional. Parecem ter escolhido a profissão docente de forma intencional, e esse dado abre uma perspectiva positiva para a criação de políticas públicas de desenvolvimento profissional, pela possibilidade de engajamento dessas pessoas na melhoria da educação.

Essa realidade fica mais bem demonstrada com os dados que revelam que os professores entrevistados expressaram o desejo de que o compromisso com a educação e a profissão docente, a busca da excelência na educação e a ética pessoal e profissional façam parte do seu cotidiano. São valores e virtudes socialmente relevantes e que, pertencendo aos desejos e projetos de vida dos docentes, ensejam esperanças de se buscar uma educação de qualidade no Brasil.

A pesquisa identificou, também, o desejo de boa parte dos professores de se comprometer com seu aprimoramento profissional, com a formação de seus estudantes e com a sala de aula. Isso foi deduzido pelas respostas de 43% deles, que disseram que pretendem se desenvolver profissionalmente fazendo mestrado, doutorado e/ou buscando outras formas de aprimoramento. Uma pessoa interessada em se atualizar demonstra compromisso com a profissão. Na mesma linha, expressaram espontaneamente desejos de impactar a vida dos estudantes e da comunidade em que atuam, o que é outra dinâmica de compromisso, empatia e ética. E falaram do desejo de seguir atuando na sala de aula da educação básica em vez de migrar para a esfera administrativa das escolas. Essa paixão pela sala de aula é um dos compromissos mais bonitos com a educação.

Por fim, chamou muita atenção a preocupação desses professores de que sua vida pessoal e profissional sejam pautadas em princípios de uma ética do cuidado para com os estudantes e a sociedade em geral, bem como na responsabilidade dos atores envolvidos com os processos educativos. Nesse sentido, encontramos um quadro coerente que articula o compromisso profissional com a ética do cuidado e a responsabilidade, que são condições importantes para se buscar a qualidade na educação.

Professores comprometidos, que têm a educação como um elemento central em seus projetos de vida, são a matéria-prima para a melhoria da escola. No entanto, nada disso terá importância se não estiver acompanhado de decisões políticas que elevem o nível de comprometimento da sociedade com a educação, com reflexo na estrutura e na infraestrutura das escolas.

O que descrevi no segundo capítulo sobre os movimentos de mudanças na escola Graciliano Ramos sinaliza que a escola dos sonhos pode ser construída com investimentos que estejam em consonância com os desejos daqueles que estão em sala de aula e gerindo as escolas — que estão no chão da fábrica, como se diz. Um diretor com mente aberta e aptidão para dialogar, apoiando um corpo docente comprometido com a educação do século 21, e uma gestão pública que entende a importância de se criar condições de trabalho e de qualidade de vida aos professores terão resultados de impacto em qualquer avaliação feita. E isso beneficiará os estudantes, suas famílias, a comunidade do entorno e a sociedade como um todo.

Nesse sentido, o segundo capítulo está alinhado com o terceiro e o quarto, nos quais transcrevo e discuto os desejos e sonhos dos docentes da pesquisa "A escola pública dos sonhos para os educadores brasileiros". Em primeiro lugar, identificou-se que 97% dos professores consideram que a escola deveria ser diferente do modelo atual. Isso é relevante e fundamental para que os sonhos se concretizem. A efervescência do desencanto com a escola tradicional é condição para a transformação; é o caldo afetivo para a reconstrução da escola.

A síntese dos desejos, sonhos e necessidades que os professores relataram aponta que a educação deveria ser diferente no currículo, nas formas de organização, nos métodos de ensino e aprendizagem e nas relações dentro da escola e desta com a comunidade e a sociedade. Com isso, na percepção da grande maioria dos docentes ouvidos, a escola ideal teria novas formas de organização dos espaços, melhor infraestrutura e, também, novos métodos de ensino e aprendizagem. As metodologias seriam ativas, com aulas dinâmicas, interativas, dialógicas e prazerosas. A tecnologia estaria permeando não apenas a infraestrutura das salas de aula e dos espaços escolares, mas também algumas das metodologias de aula, tornando-as ativas. A educação passiva, transmissiva, ficaria para trás.

Novas relações se constituiriam nessa escola, mais democráticas e inclusivas; ao mesmo tempo, a escola e a educação seriam mais valorizadas pelo que chamamos de mundo público-político, que envolve as famílias, as comunidades e o Estado. Isso se traduziria também em melhores salários e condições de trabalho, apoio psicológico para maior bem-estar psíquico e físico e, finalmente, investimentos de longo prazo no desenvolvimento profissional docente.

Por fim, a escola teria outro tipo de currículo, flexível, pautado na ciência e no mundo contemporâneo, mas contextualizado na cultura e na vida cotidiana das pessoas, nas necessidades de uma formação cidadã que abrangesse as demandas da família, da comunidade e do mundo do trabalho.

De certa forma, a legislação educacional brasileira vem apontando na mesma direção do que foi encontrado nas respostas desses professores. Com o apoio das normas em vigor, que podem e devem ser aprimoradas em consonância com os sonhos dos docentes, aumenta a possibilidade de que essas metas idealizadas sejam atingidas. A distância não é grande; talvez o que esteja faltando seja exatamente o diálogo que mencionei antes, para que os docentes se sintam partícipes dos projetos educativos e as diversidades e realidades locais sejam valorizadas como essenciais para a autonomia de seu trabalho pedagógico.

Os relatos incorporados no capítulo quatro indicam os desejos, sonhos e projetos de vida dos docentes e exemplificam um bom ponto de partida para esse diálogo. Como é o caso das narrativas destas professoras, que revelam seus sonhos e compromissos com a educação:

Meu desejo é que esse momento difícil que toda a humanidade está enfrentando passe e que, a partir daí, possamos sonhar em construir coletivamente uma escola verdadeiramente inclusiva, acolhedora e promotora de oportunidades. Aos 44 anos de idade e com mais de 25 de carreira, pretendo encerrar os últimos anos da docência revolucionando o ensino público em minha escola. Há muitos sonhos ainda a serem realizados e há muitas conquistas a serem concretizadas. A educação, assim como o mundo, não para nunca!

Numa escola dos sonhos, professores e professoras seriam qualificados, valorizados e bem remunerados. Alunos e alunas seriam respeitados em suas diferenças e singularidades e teriam seu direito de aprendizagem garantido, através de um currículo emancipador, que desenvolvesse a criticidade e a vontade de melhorar a si mesmo e a sociedade.

Sem desconsiderar a complexidade de elementos que contribuem para a construção da escola dos sonhos e as múltiplas variáveis que a impactam, um dos caminhos a ser trilhados, que é aquele em que me incluo, passa por apoiar jovens e professores em exercício a construir projetos de vida que se pautem nas virtudes da ética, da excelência e do compromisso com a educação. Passa, também, por criar condições para que as propostas inovadoras construídas em consonância com os desejos, sonhos e necessidades dos docentes sejam experienciadas na concretude das salas de aula locais, com tempo, espaço e apoio apropriados para que construam e adaptem as demandas sociais à realidade de seus estudantes e comunidades, coconstruindo com eles a melhor forma de tornar a educação mais eficiente, prazerosa e feliz.

Como atingir esse sonho, ou essa utopia, que parece distante? É um desafio complexo, como o próprio tema. Do ponto de vista do trabalho pedagógico, acredito que passa, também, pela reformulação dos processos de desenvolvimento profissional.

Tanto na formação inicial quanto na continuada, as políticas precisam ser coerentes com os princípios do aprender fazendo e da incorporação de espaços humanizados que colocam os desejos e projetos de vida dos docentes no centro dos currículos. Assim, os próprios programas de formação inicial e continuada precisam ser permeados de tecnologias e de espaços de desenvolvimento socioemocional; devem ter currículos flexíveis e contextualizados na ciência e na realidade local dos docentes em formação, apoiados em metodologias ativas que mostrem ao professor como deve ser o seu papel mediador nos processos de ensino e aprendizagem. Por fim, em tais cursos, as relações e os procedimentos precisam ser democráticos e inclusivos, também com apoio de recursos tecnológicos que valorizem a diversidade das pessoas e das culturas, bem como das formas diferentes de conhecer e atuar no mundo.

Em tais programas, além de diretrizes gerais que incorporem os princípios mencionados, deve haver espaço e tempo para que os professores aprendam a formular e solucionar problemas locais, junto com seus colegas e estudantes, auxiliando-os a construir uma prática calcada na sua realidade. Por isso, volto a recomendar que conheçam a lógica de funcionamento dos programas Repensando o Currículo e Ativar!, que trazem conteúdos essenciais gravados em vídeos e se apoiam na proposta de que os cursistas desenvolvam projetos em suas áreas de conhecimento de forma compartilhada com outros professores e junto aos seus alunos em sala de aula. É um processo de coconstrução do currículo, da escola e das relações.

Um segundo caminho a ser trilhado para se atingir essa utopia, sem sombra de dúvida, é incorporar os estudantes e suas culturas e diversidades no currículo e no centro das ações educativas, para que as metodologias sejam verdadeiramente ativas.

Isso me faz lembrar de um episódio do 7º A da EMEF Graciliano Ramos, que descrevi rapidamente no segundo capítulo (p. 49). Lembram do Pedro, o rapaz apaixonado por *rap*, cujo grupo estava organizando um festival? Pois é, o festival de *rap* rolou, com muita empolgação e participação de grupos de toda a escola.

O pontapé inicial foi a música "Escola dos sonhos", do MC Favelinha, um *rapper* do município de Recanto das Emas, no Distrito Federal. Esse *rap*, feito com a colaboração de Markão Aborígine, foi criado no âmbito do projeto Onda, desenvolvido pelo Instituto de Estudos Socioeconômicos (Inesc) do Distrito Federal, e busca passar a visão de como seria a escola dos sonhos na perspectiva dos jovens.

A ESCOLA DOS SONHOS

Eles decidiram apresentar o videoclipe da música, que está disponível no YouTube, para todos os alunos da Graciliano. Em seguida, falaram sobre a entrevista que o MC Favelinha concedeu ao Inesc, explicando seu processo de criação, que envolveu a escuta aos alunos da escola dele para compor o *rap*, lendo e comentando alguns trechos da entrevista. Destaco dois, que me marcaram:

A rapaziadinha da quebrada que hoje está com 10, 11 anos... o que me chamou mais atenção mesmo, acho que foi na conversa com o Yan, em que eu perguntei: "Se o governo fizer uma escola digital, com computador, iPad...", a molecada respondeu logo: "não, não precisa disso tudo aí, não! A escola só tem que ser acolhedora, tem que ter liberdade de expressão..." Pô, um moleque de 10 anos falar uma palavra dessa para mim! Me chamou muita atenção! Eu comecei a escrever ainda no meio da rua. "Cadeira confortável", daquela parte em diante foi tudo eles que falaram, eu fui só modelando.

A minha escola dos sonhos teria muita coisa, o governo gastaria muito, viu? Vamos começar pelo reconhecimento dos trabalhadores, né? Eu já vi servidores trabalharem com o maior carinho, se empenharem ao máximo e no final do mês não ser recompensados, a gente conversa muito com os tios da limpeza. E a minha escola dos sonhos seria aquela escola assim humilde, não precisava ter muito, como na música, uma cadeira confortável, um lugar aconchegante, de mais respeito entre alunos e professores, melhores materiais. Com a infraestrutura completa, seja em acolhimento, seja em refeição, seja no design... Mudaria bastante coisa na gestão.

Sabem o que me impressionou nesse caso e me fez trazer esses relatos? Que, de um jeito diferente, com outro tipo de linguagem e forma de expressão, esses jovens trouxeram a mesma perspectiva que nós, professores, conforme revelada nas pesquisas do NAP/USP. O *rap* que foi composto ouvindo os colegas e compartilhando a realidade daquela comunidade em suas relações com a educação fala de uma escola dos sonhos que teria formas de organização e métodos de ensino e aprendizagem diferentes; ao mesmo tempo, enfatiza outras maneiras para as relações na e da escola e, também, sugestões para o currículo, como o tema do racismo. Em sua letra, aparecem a importância da infraestrutura, da inclusão, da democracia e de muitas outras coisas que são caras a uma educação de qualidade, como vimos discutindo.

Daí a importância do diálogo, mencionada antes, que deveria ser encabeçado pelos gestores e formuladores das políticas educacionais, visando incorporar de forma efetiva nos planejamentos os desejos, sonhos e projetos de vida de educadores e, também, educandos. Sem essa percepção e a concretização de ações efetivas nessa direção, não conseguiremos alcançar a utopia da escola dos sonhos.

Fico com vontade de continuar esta história autobiográfica, mas acho que está na hora de parar. A mensagem que eu queria passar com este livro continua incompleta e fluida, como são todos os sonhos. No entanto, o sonho por uma educação de qualidade, para todos e cada um dos seres humanos, é uma utopia desejada pela grande maioria das pessoas que abraçam a profissão docente, e o que eu trouxe aqui é a convicção de que é possível alcançá-la. Eu acredito nisso, e não somente pelo meu espírito Poliana, mas por toda a energia, o compromisso e o engajamento demonstrados pelos professores brasileiros.

Esmiuçando a utopia da educação a partir dos desejos, sonhos e projetos de vida dos professores brasileiros, identificamos que a maioria dos profissionais tem como princípio e meta desenvolver práticas que levem à construção de um mundo mais justo, solidário e feliz. Espero que os leitores deste livro compactuem com essas ideias e levem adiante esses sonhos coletivos.

Bom, eu me despeço de vocês e os deixo na companhia de Mario Quintana: "Uma vida não basta apenas ser vivida, também precisa ser sonhada".

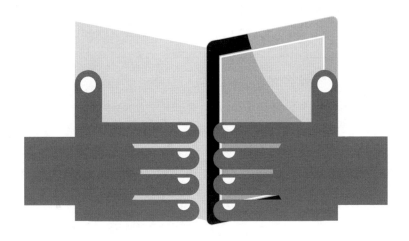

REFERÊNCIAS

ARAÚJO, Ulisses F. *Temas transversais, pedagogia de projetos e mudanças na educação — Práticas e reflexões*. São Paulo: Summus, 2014.

____. *Autogestão na sala de aula — As assembleias escolares*. São Paulo: Summus, 2015.

ARAÚJO, Ulisses F.; ARANTES, Valéria; PINHEIRO, Viviane. *Projetos de vida — Fundamentos psicológicos, éticos e práticas educacionais*. São Paulo: Summus, 2020.

BLIKSTEIN, Paulo. "Digital fabrication and 'making' in education: the democratization of invention. In: WALTER-HERRMANN, J.; BÜCHING, C. (orgs.). *FabLab — Of machines, makers and inventors*. Bielefeld, Califórnia: Transcript, 2013. p. 1-22.

BRASIL. Instituto Nacional de Estudos e Pesquisas Educacionais Anísio Teixeira (Inep). *Censo Escolar da Educação Básica 2018 — Notas estatísticas*. Disponível em: <https://download.inep.gov.br/educacao_basica/censo_escolar/notas_estatisticas/2018/notas_estatisticas_censo_escolar_2018.pdf>. Acesso em: 19 abr. 2023.

BRASIL. Ministério da Educação. *Base Nacional Comum Curricular*. Disponível em: <http://basenacionalcomum.mec.gov.br/images/BNCC_EI_EF_110518_versaofinal_site.pdf>. Acesso em: 19 abr. 2023.

DAMON, William. *O que o jovem quer da vida? — Como pais e professores podem orientar e motivar os adolescentes*. São Paulo: Summus, 2009.

DUSSEL, Inés; CARUSO, Marcelo. *A invenção da sala de aula — Uma genealogia das formas de ensinar*. São Paulo: Moderna, 2003.

ESTEVE, José Manuel. *A terceira revolução educacional — A educação na sociedade do conhecimento*. São Paulo: Moderna, 2004.

Foucault, Michel. *Vigiar e punir*. 42. ed. Petrópolis: Vozes, 2014.

Frankl, Viktor E. *Em busca de sentido — Um psicólogo no campo de concentração*. 15. ed. Petrópolis: Vozes, 1991.

Gardner, Howard. (org.). *A responsabilidade no trabalho*. Porto Alegre: Artmed, 2008.

Gilligan, Carol. *Uma voz diferente — Teoria psicológica e o desenvolvimento feminino*. Petrópolis: Vozes, 2021.

Instituto iungo. *iungo: formação de professores para transformar a educação*. Disponível em: <www.iungo.org.br>. Acesso em: 19 abr. 2023.

Juramento de Comenius. [Juramento feito pelos docentes do sistema de ensino finlandês.] Disponível em: <www.oaj.fi/en/education/ethical-principles-of-teaching/comenius-oath-for-teachers/>. Acesso em: 19 abr. 2023.

Mc Favelinha. "A minha escola dos sonhos seria humilde: um lugar aconchegante e mais respeito entre alunos e professores". [Entrevista concedida ao] Instituto de Estudos Socioeconômicos (Inesc). Disponível em: <www.inesc.org.br/a-minha-escola-dos-sonhos-seria-aquela-escola-assim-humilde-nao-precisava-ter-muito-um-lugar-aconchegante-e-mais-respeito-entre-alunos-e-professores/>. Acesso em: 19 abr. 2023.

____. "Escola dos sonhos". Colaboração: Markão Aborígine. Produção musical: LP D'Doctor. Inesc: 2021. Videoclipe (duração: 2'50"). Disponível em: <https://youtu.be/FCLoq3h9_1M>. Acesso em: 19 abr. 2023.

Organização para a Cooperação e o Desenvolvimento Econômico (OCDE). *Teacher Questionnaire for Pisa 2018 — General Teacher*. Paris: OCDE, 2017. Disponível em: <www.oecd.org/pisa/data/2018database/CY7_201710_QST_MS_TCQ-G_NoNotes_final.pdf>. Acesso em: 19 abr. 2023.

Repensando o Currículo. [Programas de desenvolvimento profissional docente do Núcleo de Pesquisas em Novas Arquiteturas Pedagógicas da Universidade de São Paulo.] Disponível em: <www.repensandocurriculo.org> e <https://www.youtube.com/c/RepensandooCurriculo>. Acesso em: 19 abr. 2023.

Shulman, Lee S. *The wisdom of practice — Essays on teaching, learning, and learning to teach*. San Francisco: Jossey-Bass, 2004.

Verducci, Susan. "A capacidade de responder". In: Gardner, H. (org.). *A responsabilidade no trabalho*. Porto Alegre: Artmed, 2008.

leia também

AUTOGESTÃO NA SALA DE AULA
As assembleias escolares
Ulisses F. Araújo

Depois de conceituar a educação baseada na resolução de conflitos, esta obra oferece um guia prático para implantar as assembleias escolares, incluindo os passos a serem seguidos na promoção das assembleias de classe, de escola, de docentes e dos fóruns escolares. Por fim, dá voz aos sujeitos que já vivenciaram as assembleias, mostrando as mudanças vividas nas relações escolares e sua contribuição para a ética e a cidadania.

ISBN 978-85-3231-006-4

TEMAS TRANSVERSAIS, PEDAGOGIA DE PROJETOS E MUDANÇAS NA EDUCAÇÃO
Ulisses F. Araújo

Nas décadas recentes, a sociedade vem passando por mudanças que impactam a sala de aula, o currículo das escolas e os próprios objetivos da educação. Este livro discute como os chamados temas transversais, articulados com a pedagogia de projetos e com os princípios de interdisciplinaridade, podem apontar caminhos inovadores para a educação formal e para uma ressignificação da prática docente.

ISBN 978-85-3230-958-7

PROJETOS DE VIDA
Fundamentos psicológicos, éticos e práticas educacionais
Ulisses F. Araújo, Valéria Arantes e Viviane Pinheiro

O incentivo à construção dos projetos de vida dos jovens é um dos eixos centrais da Base Nacional Comum Curricular. Mas como trabalhar com essa temática em sala de aula? Nesta obra, os autores explicitam as origens psicológicas e epistemológicas dos projetos de vida, seus princípios norteadores e sua relação com a cidadania e a realização pessoal. Indo além, abordam as diversas modalidades de projetos de vida e dão exemplos de como estes podem ser aplicados em sala de aula.

ISBN 978-65-5549-001-5

www.gruposummus.com.br